So rechnet sich die Aktivrente

So rechnet sich die Aktiv-Rente

Matthias Kowalski

Stiftung Warentest

Inhalt

01

Rente und Arbeit? Das geht!

Viele Möglichkeiten für Rente plus Job

Eine Rente erhalten und trotzdem beruflich aktiv bleiben: Das ist heute nicht nur möglich, sondern ausdrücklich erwünscht. Dabei spielt es keine Rolle, ob Sie ein reguläres Ruhegeld oder eine Frührente beziehen.

Willkommen im neuen Freiraum! Während in früheren Jahrzehnten der Rentenbescheid im Briefkasten beinahe zwangsweise das Ende des Arbeitslebens einläutete, erwarten Sie heute eine ganze Reihe von Angeboten und Vorteilen, wenn Sie auch nach Erreichen des Rentenalters beruflich aktiv sein wollen: Vollzeit- und Teilzeitjobs über alle Altersgrenzen hinaus sind mittlerweile weit verbreitet, ebenso entdecken immer mehr Ruheständler neu ihre Talente als Selbstständige, in bezahlten Ehrenämtern oder in vielen Minijobs.

Das Beste: Seit 2023 dürfen Sie selbst im vorgezogenen Ruhestand grenzenlos privat zur gesetzlichen Rente hinzuverdienen, ohne dass Ihre Rente auch nur um einen Cent gekürzt wird. Vorher galt ein kompliziertes Abzugsverfahren – damit wollte man vor allem in Jahren der hohen Massenarbeitslosigkeit die Anstellung von Jüngeren fördern.

Heute hingegen sind ältere Arbeitnehmerinnen und Arbeitnehmer mit ihren Erfahrungen in fast allen Branchen gefragt. Etliche Betriebe suchen händeringend qualifizierte Nachrücker für ihre rentennahen Mitarbeiter und können diese nicht finden. Es fehlt uns als Gesellschaft schlicht an Nachwuchs. Automation, Robotik sowie Künstliche Intelligenz mögen einen Teil des Arbeitskräfteschwunds auffangen, aber längst nicht in allen Bereichen.

Finanzielle Anreize für arbeitende Rentner

Die Bundesregierungen aller Couleur haben mittlerweile auf diese Entwicklungen reagiert und aus volkswirtschaftlichem Interesse eine ganze Reihe von Erleichterungen und Anreizen angestoßen, um mehr Rentnerinnen und Rentner in einem gewissen Umfang zu einer Erwerbstätigkeit zu ermuntern. Am weitesten geht hier das Konzept der Mitte

Oktober 2025 vom Bundeskabinett beschlossenen „Aktivrente" mit einem steuerfreien Hinzuverdienst von bis zu 2000 Euro pro Monat, das wir in diesem Buch natürlich ausführlich behandeln (vgl. „Aktivrente: Regelaltersrente plus Job" ab Seite 61).

Volkswirtschaftliche Notwendigkeiten sind das eine; die persönliche Motivation, im Rentenalter weiterzuarbeiten, wird in der Regel von anderen Faktoren bestimmt: Umfragen zeigen, dass die meisten erwerbstätigen Rentner und Rentnerinnen vor allem aus Freude an ihren Jobs weiter oder wieder beruflich aktiv sind.

Lohnt sich das? Unsere Untersuchungen zeigen, dass die meisten Konstellationen aus dem Bezug einer Rente plus Gehalt aus einem Job für Ruheständler heute ganz klar ein wirtschaftlicher Gewinn sind.

Dieser Ratgeber soll Ihnen dabei helfen, selbst abzuschätzen, wann und in welcher Form eine Kombination aus Rente sowie einer Erwerbstätigkeit für Sie interessant sein könnte. Dies betrifft nicht nur rentennahe Jahrgänge, sondern gleichermaßen die Lebensplanung jüngerer Generationen. Steuern und Sozialabgaben werden wir hierbei ebenso im Blick behalten wie das Arbeitsrecht oder weitere Zusatzrenten, die Ihre Alterseinkünfte darüber hinaus erhöhen können.

Die Vorteile der neuen Freiheit nutzen

Wer im Ruhestand beruflich aktiv ist, genießt eine ganze Reihe finanzieller und persönlicher Vorteile – angefangen von Steuererleichterungen über gesparte Sozialabgaben bis hin zu Selbstverwirklichung und geistiger Fitness.

Es mag zunächst widersprüchlich klingen, dass man ausgerechnet mit Erreichen des vielleicht lange ersehnten Ruhestands trotzdem weiter arbeitet oder nach einer Pause wieder in eine bezahlte Beschäftigung einsteigt. Doch unterschätzen Sie nicht die Vorzüge dieses neuen Lebensabschnitts, denn Sie befinden sich in einer guten Position: Vieles kann, nichts muss! Sie haben ja den Anspruch auf eine gesetzliche Rente bereits in der Tasche, also Ihre Pflicht als Beitragszahler erfüllt. Der Rest ist Kür, niemand kann Sie zu etwas zwingen. Ob und was Sie arbeiten möchten, ist allein Ihre Sache. Immer mehr Arbeitgeber gehen auf die Bedürfnisse ihrer älteren Mitarbeiter ein, um sie samt ihrer Erfahrung länger im Unternehmen zu halten. Teilzeit anstelle von Vollzeit? Oder ausschließlich Mitarbeit an einem spannenden Projekt, das Sie noch interessiert? – Häufig ist das gar kein Problem mehr.

Der Staat garniert Ihre berufliche Tätigkeit im Rentenalter mit zusätzlichen Vorteilen beim Finanzamt sowie mit ermäßigten Sozialabgaben.

Quelle: Destatis; Genesis; IAQ

Starker Trend: Rente + Arbeit

Seit dem Jahr 2000 hat sich die Zahl der arbeitenden Rentnerinnen und Rentner in Deutschland von 372 000 auf gut 1,7 Millionen beinahe verfünffacht. Rund 1,2 Millionen von ihnen sind angestellt tätig. Kurzzeitige Einbrüche verzeichnete der Trend lediglich während der Finanzkrise (2009/2010) und während der Corona-Pandemie (2020).

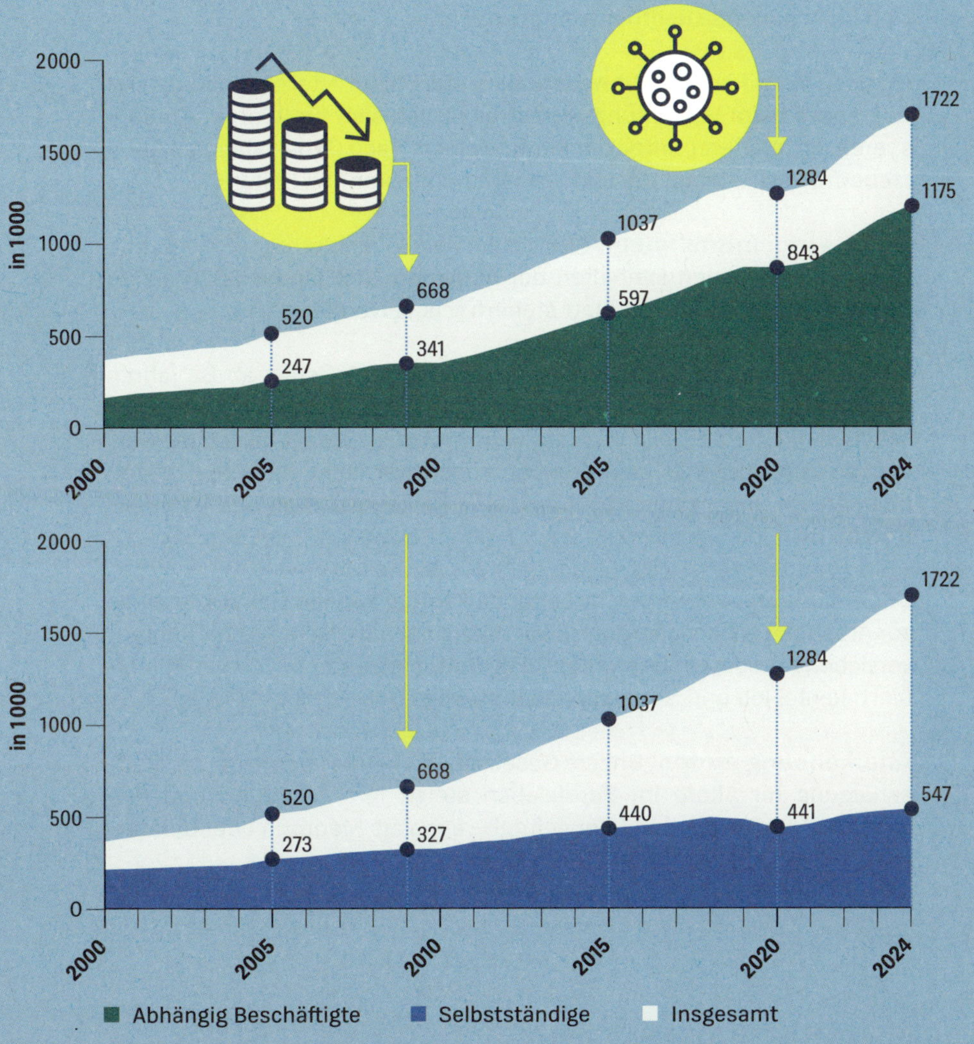

Extra-Einkommen. Ein Hinzuverdienst zur Rente steigert Ihr Gesamteinkommen, denn seit 2023 erhalten Sie Ihre Rente ungekürzt zu dem zusätzlichen Einkommen. Wenn Sie hingegen den Renteneintritt verschieben, steigt ihre Rente mit jedem Monat, den Sie über Ihre Regelaltersgrenze hinaus arbeiten, um 0,5 Prozent.

Flexible Arbeitszeitmodelle. Teilzeit, Zwei- oder Drei-Tagewoche, Blockzeiten je nach Lust und Verzicht auf belastende Nacht- oder Schichtarbeit sind für schaffende Rentner weithin akzeptiert.

Anreize vom Fiskus. Mit Änderungen etwa beim Altersentlastungsbetrag sowie beim Versorgungsfreibetrag lassen sich für Rentner Steuern sparen. Ein größerer Anteil der Rente bleibt je nach Geburtsjahrgang nun steuerfrei (vgl. „Rente, Job und Steuern optimieren" ab Seite 16).

2000 Euro mitnehmen. Wer seine Regelaltersgrenze erreicht hat, kann mit den neuen Freiheiten der Aktivrente seit Januar 2026 bis zu 2000 Euro pro Monat komplett steuerfrei hinzuverdienen.

Frührente sichern. Für viele ist ein früher Rentenstart ab 63 Jahren drin: Mit mindestens 35 Versicherungsjahren darf man bereits mit Abschlägen die Rente kassieren und kann trotzdem weiter im Job bleiben. Wer 45 Versicherungsjahre erreicht, kann zwei Jahre vor seiner Regelaltersgrenze sogar ohne Abschläge eine Rente kassieren und ebenfalls trotzdem im Job aktiv bleiben (vgl. „Frührente plus Job" ab Seite 91).

Sozialabgaben abwählen. Arbeitende Rentner können sich die Beiträge zur Arbeitslosenversicherung sowie häufig auch die Beiträge zur Rentenversicherung sparen. Das erhöht das Nettoeinkommen („Clever kombiniert: Rente, Job und Sozialabgaben" ab Seite 34).

Anerkennung ernten. Unsere Gesellschaft wandelt sich, und die Wertschätzung für Ältere im Berufsleben steigt. Ihre Erfahrung und Ihre Expertise sind immer häufiger gefragt – etwa als Mentorin oder Berater.

Das müssen Sie über die Rente wissen

Wenn Sie im Ruhestand (weiter) arbeiten möchten, müssen Sie entscheiden, wann Ihr Rentenbezug beginnen soll. Dafür sind die Voraussetzungen sehr unterschiedlich.

Im deutschen Rentensystem gilt eine Grundregel: Je länger man einzahlt, desto höher ist die Rente. Genauso gut ließe sich sagen: Je später man die Rentenzahlung startet, desto mehr erhält man jeden Monat überwiesen. Und da man mittlerweile zu jeder gesetzlichen Altersrente unbegrenzt hinzuverdienen darf, ohne eine Rentenkürzung zu riskieren, ist der Zeitpunkt für den Start der Überweisungen von der Rentenkasse entscheidend.

Allen Vorurteilen gegen das deutsche Rentensystem zum Trotz zeigt es sich beim Einstiegszeitpunkt sehr flexibel: Wenn Sie die entsprechenden Voraussetzungen mitbringen, dann können Sie bereits mit 61 eine Rente beziehen oder erst sechs Jahre später, mit 67. Außerdem dürfen Sie auch über Ihren 67. Geburtstag hinaus so lange arbeiten und den Rentenstart aufschieben, wie Sie mögen.

Dazu gleich ein Tipp vorab: Nach unseren Detailberechnungen, die wir laufend aktualisieren und möglichen Veränderungen anpassen, rentiert es sich für die meisten angehenden Ruheständler besonders, ihre Altersrente zum frühestmöglichen Zeitpunkt zu beantragen, sie zu kassieren und dann mit einem Zusatzeinkommen aus einem Job zu kombinieren (mehr dazu im Kapitel „Frührente plus Job“ ab Seite 91).

Das reguläre Rentenalter steigt schrittweise auf 67 Jahre. Außer einer Mindestversicherungszeit von fünf Jahren muss man dafür keine weiteren Voraussetzungen mitbringen. Möchte man früher oder später in Rente gehen, ist der Referenzzeitpunkt für den möglichen Rentenbeginn immer das jeweilige Geburtsjahr. Wer seine reguläre Rente ohne Kürzungen und ohne besondere Voraussetzungen erhalten möchte, der darf mit Geburtsjahr 1959 beispielsweise mit 66 Jahren und zwei Monaten in Rente gehen. Im Jahr 1960 Geborene können das mit 66 Jahren und vier Monaten tun, für die Jahrgänge 1961 bis 1963 kommen jeweils zwei

Monate dazu. Ab dem Geburtsjahrgang 1964 gilt der 67. Geburtstag als Start der sogenannten Regelaltersrente.

Ohne Abschläge darf man zwei Jahre vor Erreichen seiner Regelaltersgrenze seine Rente beziehen, wenn man 45 Versicherungsjahre in der Rentenversicherung zusammenbringt. Dazu zählen zum Beispiel auch Zeiten der Kindererziehung oder Pflege, aber nur einige wenige Ausbildungszeiten. Das heißt: Für alle ab 1964 Geborenen ist das dann ab dem 65. Lebensjahr möglich. Ein unbegrenzter Hinzuverdienst ist selbstverständlich auch für diese Rentenbezieher erlaubt.

Noch früher darf man seine Altersrente kassieren, wenn man Abschläge in Kauf nimmt – und zwar bereits mit 63 Jahren. Voraussetzung hierfür ist eine Versicherungszeit von 35 Jahren, die für viele Arbeitnehmerinnen und Arbeitnehmer wesentlich leichter erreichbar scheint. Dafür werden je nach Geburtsjahrgang unterschiedlich hohe Abschläge fällig – für 1961 Geborene sind das 12,6 Prozent, für 1962 Geborene 13,2 Prozent. Wer Jahrgang 1963 ist, muss auf 13,8 Prozent verzichten, ab dem Geburtsjahr 1964 sind es dann 14,4 Prozent.

Allerdings lassen sich diese Abschläge ab dem 50. Geburtstag mit zusätzlichen Einzahlungen ganz oder teilweise ausgleichen. Eine Kombination auch dieser Altersrente mit einem Job ist ökonomisch attraktiv.

Noch früher dürfen Schwerbehinderte mit einem Grad der Behinderung (GdB) von mindestens 50 eine vorgezogene Altersrente beziehen, die ebenfalls 35 Versicherungsjahre als Vorversicherungszeit mitbringen: Der Geburtsjahrgang 1959 darf mit 61 Jahren und zwei Monaten in die Frührente gehen, ab Jahrgang 1964 dann frühestens mit 62 Jahren. Für Schwerbehinderte beträgt der Abschlag für den frühestmöglichen Rentenstart einheitlich nur 10,8 Prozent.

Ehemalige entlassene und schwerbehinderte Mitarbeiter des Bergbaus erhalten unter bestimmten Voraussetzungen eine besondere Frührente mit Abschlägen in Höhe von 10,8 Prozent bereits mit 60.

ANDERE RENTE, ANDERE REGEL. Falls Sie etwa aufgrund eines Arbeitsunfalls eine Erwerbsminderungsrente beziehen, gelten eigene Grenzen beim Hinzuverdienst. Bei teilweiser Erwerbsminderung dürfen Sie 2026 rund 41 527 Euro pro Jahr ohne Rentenkürzung hinzu verdienen, liegt eine volle Erwerbsminderung vor, sind es im Jahr 2026 rund 20 763 Euro. Die Hinzuverdienstgrenzen entfallen jedoch, sobald Sie Ihre Regelaltersgrenze erreichen. Ab dann können Sie auch alle Vorteile der Aktivrente für sich nutzen.

Das müssen Sie über Beschäftigung im Ruhestand wissen

Das Arbeitsrecht erleichtert jetzt die Erwerbstätigkeit von Rentnern. Alte Beschränkungen fallen weg oder spielen in der Praxis keine Rolle mehr. Dennoch sind einige Hürden zu beachten.

So viel Freiheit muss sein: Seit 2022 dürfen Sie mit Ihrer Chefin oder Ihrem Chef die Beendigung Ihres Arbeitsverhältnisses flexibel hinausschieben. Wesentlich ist nur, dass Sie dies vor Erreichen der Regelaltersgrenze miteinander klären und in Schriftform festhalten. Denn in vielen Arbeitsverträgen findet sich noch immer der alte Passus, wonach „das Arbeitsverhältnis mit dem Erreichen der Regelaltersgrenze" endet.

Mit dem im Dezember 2025 verabschiedeten Rentenpaket wurde zudem das Anschlussverbot aus dem Arbeitsrecht gestrichen, das in vielen Fällen eine Weiterbeschäftigung beim selben Arbeitgeber über die Regelaltersgrenze hinaus untersagte. Künftig soll es überdies für Regelrentner bis zu zwölf befristete Anschlussverträge mit einer Höchstdauer von acht Jahren geben können. Allerdings steht es Ihnen und Ihrem Arbeitgeber auch frei, den Vertrag unbefristet zu verlängern. Dann endet er mit einer Kündigung, mit einem Aufhebungsvertrag oder mit dem Tod der Arbeitnehmerin oder des Arbeitnehmers.

Der Kündigungsschutz kann für arbeitende Rentner jenseits ihrer individuellen Regelaltersgrenzen allerdings eingeschränkt sein, falls im Unternehmen ein Jobabbau ansteht. Dann könnte in einem Sozialauswahlverfahren jüngeren Mitarbeiterinnen oder Mitarbeitern im Hinblick auf eine Weiterbeschäftigung der Vorzug gegeben werden.

Über den Bezug einer Frührente vor Erreichen Ihrer Regelaltersgrenze müssen Sie Ihren Arbeitgeber übrigens gar nicht gesondert informieren. Das ist komplett Ihre Privatsache. Er darf Ihnen deswegen auch nicht kündigen, denn das wäre Altersdiskriminierung. Allerdings wird es der Arbeitgeber doch über das Meldeverfahren der Deutschen Rentenversicherung in Bezug auf die Höhe Ihrer fälligen Sozialbeiträge erfahren.

Besondere Vorteile bei Altersteilzeit nutzen

Vor allem in größeren Konzernen existieren häufig spezielle Regelungen für ältere Mitarbeiter, die man gerne im Unternehmen halten möchte. So sind eigene Beschäftigungstöchter für „Senior-Experts" schon öfters zu finden. Erkundigen Sie sich rechtzeitig beim Betriebsrat oder der Personalabteilung, welche Voraussetzungen Sie dazu mitbringen sollten.

Haben Sie eine Altersteilzeit nach dem Altersteilzeitgesetz (AltTZG) beantragt oder befinden sich bereits darin, sollten Sie mögliche Einschränkungen beim Hinzuverdienst beachten. Oft wird die Altersteilzeit en bloc gewählt, das heißt, dass Sie zum Beispiel drei Jahre voll arbeiten (Aktivphase) und nur ein niedrigeres Gehalt beziehen und dann drei Jahre vor der Rente dafür bei demselben Gehalt gar nicht mehr arbeiten müssen (Passivphase). Das Problem dabei: Etliche Altersteilzeitler würden dann doch in der Passivphase gerne etwas dazu verdienen. Zwar dürfen Zweitjobs auch hier nicht generell verboten werden, allerdings müssen Sie im Nebenjob immer die Interessen des Arbeitgebers berücksichtigen. Das gilt auch für die rentenähnliche passive Phase im Altersteilzeit-Blockmodell. Bezahlte Überstunden mit dem alten Arbeitgeber gelten meist als unproblematisch, ebenso Minijobs. Um Probleme zu vermeiden, sollten Sie andere Beschäftigungen während der Altersteilzeit am besten vorher beim Arbeitgeber ankündigen und prüfen, was laut Ihrem individuellen Vertrag oder laut Tarifvertrag wirklich an Hinzuverdienst erlaubt ist.

Regelrente schlägt Aufhebungsangebot

Ähnlich vorsichtig sollten Sie mit einem möglichen Hinzuverdienst sein, sobald Sie im Rahmen eines Aufhebungsvertrags mit dem alten Arbeitgeber eine Abfindung vereinbaren. Firmen versuchen noch des Öfteren, im Rahmen von Umstrukturierungen ältere Mitarbeiter damit zu einem möglichst frühen Renteneintritt zu bewegen. Dem müssen Sie nicht vor Erreichen Ihres Regelrentenalters zustimmen – falls diese Grenze in Ihrem Arbeitsvertrag überhaupt so definiert ist. Dennoch kann eine solche Regelung je nach Höhe der angebotenen Abfindung durchaus vorteilhaft sein. Der Aufhebungsvertrag darf indes Klauseln enthalten, die einen Hinzuverdienst nach Ihrem Abgang einschränken oder sogar mit der Abfindung verrechnen lassen. Im Falle von Führungspersonal oder Mitarbeitern mit herausragendem Fachwissen sind in Aufhebungsverträgen durchaus öfters Konkurrenzschutzklauseln enthalten, die beispielsweise für eine gewisse Zeitspanne eine Beschäftigung bei konkurrierenden Unternehmen derselben Branche ausschließen.

Schritt für Schritt zu Job plus Rente

Früher, später oder regulär: Den passenden Zeitpunkt für eine Kombination aus Ruhegeld und Arbeit sollten Sie gründlich vorbereiten.

Selbst-Check starten. Was trauen Sie sich arbeitsmäßig noch zu? Möchten Sie lieber in Teilzeit, in Vollzeit oder für einige Projekte tätig sein? Wie steht Ihr Partner/Ihre Partnerin dazu? Fragen Sie sich auch, ob Sie im gewohnten Job weitermachen oder lieber Inspiration in einem neuen Tätigkeitsbereich suchen wollen.

Kostenlos beraten lassen. Die Deutsche Rentenversicherung (DRV) ist gesetzlich verpflichtet, Sie kostenlos so zu beraten, dass Sie Ihren Rentenanspruch voll ausschöpfen können. Spätestens mit Ende 50 sollten Sie ein sogenanntes Intensivgespräch zur Altersvorsorge vereinbaren. Dort werden Ihre Rentenanwartschaften – gesetzliche, staatlich geförderte und private – analysiert, inklusive Steuern und Sozialabgaben. Einen persönlichen Termin vereinbaren können Sie telefonisch unter 0800/10004800 oder unter deutsche-rentenversicherung.de.

Arbeitsvertrag prüfen. Besagt Ihr Arbeitsvertrag, dass das Arbeitsverhältnis mit dem regulären Rentenbeginn endet, haben Sie keinen Anspruch auf Weiterbeschäftigung bei Ihrem derzeitigen Arbeitgeber. Fragen Sie Ihren Chef trotzdem; womöglich will er Sie ja doch halten – gerade in Zeiten des Fachkräftemangels (vgl. ab Seite 51).

Frührente nutzen. Mit 35 Versicherungsjahren dürfen Sie mit Abschlägen bereits mit 63 in Rente gehen, mit 45 Versicherungsjahren sogar ohne Abschläge zwei Jahre vor Ihrer individuellen Regelaltersgrenze. Darüber müssen Sie Ihren Chef nicht informieren, sondern können die Frührente plus Gehalt mindestens bis zur Regelaltersgrenze zusammen beziehen. Nach unseren Berechnungen ist dies für die meisten Angestellten von Vorteil.

Neue Aktivrente mitdenken. Ein steuerfreier Hinzuverdienst für Rentner in Höhe von bis zu 2000 Euro im Monat ist ab Erreichen der Regelaltersgrenze möglich. Falls Sie schon davor eine Rente mit einem Job kombinieren, sollten Sie sich darauf vorbereiten, Ihren Verdienst dann in Zeiten der Aktivrente entsprechend auf bis zu 2000 Euro monatlich aufzustocken und beispielsweise Minijobs oder Teilzeitarbeit auszuweiten.

02

Rente, Job und Steuern optimieren

Von Freibeträgen profitieren

Als erwerbstätiger Rentner kommen Sie mit großer Wahrscheinlichkeit wieder mit dem Finanzamt in Kontakt, denn für viele Ruheständler ist eine Steuererklärung Pflicht. Aber auch eine freiwillige Steuererklärung kann sich lohnen. Keine Angst: Oft ist die Steuerlast geringer als angenommen.

Um das Thema Rente und Steuern ranken sich viele Mythen, von denen Sie sich nicht verunsichern lassen sollten. Für eine Kombination aus Rente plus bezahlter Berufstätigkeit gilt dies allemal. Ja, es stimmt: Immer mehr Ruheständler müssen Steuern zahlen. Im Gegenzug sind die Einzahlungen in die Rentenkasse während der Berufstätigkeit komplett von der Steuer befreit. Auch für Rentnerinnen und Rentner gelten die Grundfreibeträge in Höhe von 12 348 Euro für Singles und 24 696 Euro für Paare (2026). Und in den meisten Fällen werden keine hohen Steuerzahlungen an das Finanzamt fällig, dafür sorgen eine ganze Reihe von Freibeträgen: In der Kombination mit einer sozialversicherungs- und steuerpflichtigen Tätigkeit stehen Rentnerinnen und Rentnern beispielsweise der Rentenfreibetrag für die gesetzliche Rente und zusätzlich die Freibeträge für Angestellte wie der Arbeitnehmerpauschbetrag für Werbungskosten zu.

Auf die Steuerklasse achten

Zunächst einmal gilt für den Übergang vom Berufsleben zum Ruhestand mit Job, dass Sie in derselben Steuerklasse bleiben wie zuvor. Wenn Sie alleinstehend sind, gehören Sie der Steuerklasse I an. Ehepaare dürfen nach wie vor entscheiden, ihre Steuerklassen aus den Klassen III sowie V zu mixen oder sie können sich beide in die Steuerklasse IV einordnen lassen. Das gilt auch, wenn Sie eine Frührente wie die Rente ab 63 beziehen und als weitere Einkünfte lediglich Einnahmen aus einer Beschäftigung über der steuerfreien Minijobgrenze haben.

Anders sieht es aus, wenn Sie beispielsweise als Frührentnerin die Rente mit 63 beziehen, in Ihrem Job zusätzlich über der Minijobgrenze verdienen und außerdem eine Betriebsrente erhalten. Dann wertet das Finanzamt die Betriebsrente als zweites Haupteinkommen und Sie rutschen mit Ihrem Hinzuverdienst aus dem Rentner-Job in die ungünstige Steuerklasse VI für Nebenbeschäftigungen. In dieser Klasse nimmt Ihnen der Fiskus vorerst meist zwischen 50 bis 60 Prozent vom Bruttoverdienst ab.

STEUERKLASSE VI VERMEIDEN. Als Rentner mit Nebenjob in Steuerklasse VI entfallen für Sie wichtige Freibeträge, weil diese gemäß Finanzlogik schon für die Hauptbeschäftigung aufgewendet werden. Darunter kann zum Beispiel auch eine Betriebsrente fallen. Sie können hier also weder den Grundfreibetrag (2026: 12 348 Euro / Jahr) noch den Arbeitnehmerpauschbetrag (1230 Euro / Jahr) und keine Kinderfreibeträge (3 336 Euro / Jahr) geltend machen. Werbungskosten und Sonderausgaben dürfen Sie aber gegenrechnen. Leicht vermeiden lässt sich die Einordnung in Steuerklasse VI, wenn Sie einen Minijob wählen oder sich die Betriebsrente erst mit Erreichen der Regelaltersgrenze auszahlen lassen.

Die ungünstige Steuerklasse VI muss für Sie als beruflich aktiver Rentner jedoch kein Thema mehr sein, sobald Sie Ihre Regelaltersgrenze erreicht haben (vgl. „Rente und Arbeit? Das geht!“, Seite 11). Denn ab diesem Zeitpunkt gilt die Steuerbefreiung im Rahmen der neuen Aktivrente. Bis zu 2 000 Euro dürfen Sie seit Januar 2026 jeden Monat zusätzlich zur Rente und Betriebsrente im Rahmen einer Erwerbstätigkeit verdienen, ohne dass das Finanzamt sich dafür interessiert. Erst wenn Ihr Zusatzverdienst 2 000 Euro im Monat überschreitet, unterliegen Sie mit dem überschreitenden Betrag der normalen Besteuerung gemäß Ihrer Steuerklasse (mehr dazu ab Seite 61).

Relevant ist die Frage nach der fälligen Besteuerung also vor allem für arbeitende Frührentner und Frührentnerinnen – meistens in der Altersspanne zwischen 63 und 67 Jahren. Auf sie beziehen sich unsere weiteren Ausführungen dieses Kapitels, soweit nicht anders angegeben. Denn ab dem Erreichen der Regelaltersgrenze gelten für alle erwerbstätigen Ruheständler ja die neuen steuerlichen Freiheiten der Aktivrenten-Regelung.

Einkünfte für Rentner

Einkünfte sind im Steuerrecht die Einnahmen aus einer Quelle beziehungsweise aus einer Tätigkeit minus der Ausgaben, die erforderlich sind, um diese Einnahmen zu erzielen. Bei einer Arbeitnehmerin ist das zum Beispiel der Bruttolohn minus der Ausgaben für den Job. Diese werden auch Werbungskosten genannt, und dazu zählen zum Beispiel die Ausgaben für den Arbeitsweg oder für eine berufliche Fortbildung.

Als Rentnerin berechnen Sie Ihre Einkünfte ähnlich: Vom steuerpflichtigen Rentenanteil gehen die Werbungskosten ab, zum Beispiel Kosten für eine Rentenberatung oder auch Ausgaben für eine juristische Auseinandersetzung um die Rente. Solche Ausgaben fallen eher selten an. Das Finanzamt berücksichtigt aber automatisch eine Werbungskostenpauschale von derzeit 102 Euro im Jahr (Stand: Ende 2025). Auch Pensionäre ziehen von der Bruttopension Werbungskosten ab, um die Einkünfte zu ermitteln – meist ebenfalls pauschal 102 Euro. Hinzu kommt ein sogenannter Versorgungsfreibetrag mit Zuschlag (siehe dazu Seite 24). Ihre steuerlich relevanten Einkünfte im Ruhestand sind somit Bruttoeinnahmen abzüglich der für sie erforderlichen Ausgaben.

Wann ist die Steuererklärung Pflicht?

Wer gerade erst den Übergang vom Job in den Ruhestand hinter sich hat, muss für dieses Übergangsjahr meist eine Steuererklärung abgeben: Sie ist Pflicht, wenn neben Einkünften aus nicht selbstständiger Tätigkeit mehr als 410 Euro Einkünfte aus Renten erzielt wurden. Diese Grenze überschreitet man meist schon mit den Altersbezügen im ersten Monat.

Sobald Rentnerinnen und Rentner in einem Kalenderjahr keinen Lohn oder kein Gehalt mehr aus ihrer Zeit als Angestellte beziehen, gelten andere Vorgaben. Dann ist die Abrechnung beim Finanzamt für alle mit steuerpflichtigen Einkünften oberhalb des Grundfreibetrags Pflicht. Er lag 2025 bei 12 096 Euro, 2026 beträgt er 12 348 Euro. Für Ehepaare gilt jeweils der doppelte Wert. Die jeweilige Grenze ist umso schneller erreicht, wenn im Ruhestand auf der Habenseite nicht nur die gesetzliche Rente steht, sondern andere Einnahmen wie Betriebsrente, Riester-Rente oder ein Gehalt dazukommen.

Weniger Steuern zahlen im Ruhestand

Rentnerinnen und Rentner sind grundsätzlich selbst gefordert, ihre Steuerangelegenheiten zu regeln. Die gesetzliche Rentenversicherung zieht zwar von der Bruttorente die fälligen Beiträge zur gesetzlichen Kranken- und Pflegeversicherung ab, aber keine Steuern. Darum müssen

Sie sich selbst kümmern und gegebenenfalls eine Steuererklärung für das zurückliegende Kalenderjahr abgeben.

Wer unsicher ist, ob er oder sie eine Steuererklärung ausfüllen muss, sollte frühzeitig klären, was zu tun ist. Mit einigen Rechenschritten lässt sich zumindest grob überschlagen, ob die Steuererklärung einzureichen ist. Im Zweifel ist es auch möglich, einmal die Erklärung abzugeben. Kommt heraus, dass keine Steuern zu zahlen sind, weiß das Finanzamt Bescheid und Sie können sich den Aufwand in Zukunft eventuell sparen. So sollten Sie vorgehen:

Abgeben wird Pflicht. Prüfen Sie zu Rentenbeginn und gegebenenfalls später nach Rentenerhöhungen von sich aus, ob Sie eine Steuererklärung machen müssen. Warten Sie nicht darauf, dass das Finanzamt Sie zur Erklärung auffordert. Reichen Sie Ihre Erklärung zu spät ein, drohen für jeden Monat Verspätungszuschläge.

Selbst ausfüllen. Sie können Ihre Steuererklärung bequem am PC mit einem digitalen Steuerprogramm machen oder kostenlos über das Elster-Portal der Finanzverwaltung. Wollen Sie die Erklärung auf Papier ausfüllen, können Sie die Formulare bei Ihrem Finanzamt abholen oder online herunterladen. Der jährlich aktualisierte Ratgeber „Steuererklärung für Rentner und Pensionäre" der Stiftung Warentest führt Sie Schritt für Schritt durch die Formulare, ob auf Papier oder in Elster.

Starthilfe holen. Kommen Sie allein nicht weiter, kann es zumindest zu Beginn des Ruhestands sinnvoll sein, dass Sie sich fachliche Unterstützung holen, um die steuerlichen Veränderungen zu Rentenbeginn zu meistern. Das gilt besonders für die Kombination mit einem Job. Wenden Sie sich dazu an einen kompetenten Lohnsteuerhilfeverein oder Steuerberater.

Selbst überschlagen. Mit nur wenigen Eingabeschritten können Sie selbst Ihre Steuerbelastung im Ruhestand abschätzen. Die Stiftung Warentest bietet einen kostenlosen Steuerrechner für Rentner an, mit dem Sie Ihre Steuerbelastung im Ruhestand überschlagen können (test.de/Steuerrechner-fuer-Rentner).

Gut zu wissen: Die Pflicht, die Steuern erklären zu müssen, führt längst nicht immer zu einer Zahlung an das Finanzamt. Verschiedene Steuerfreibeträge und Vergünstigungen helfen gerade im Ruhestand, die Steuerlast zu senken oder im besten Fall auf Null zu drücken. Dafür ist es wichtig, dass Rentnerinnen und Rentner konsequent alle Posten in der Steuererklärung abrechnen, die ihnen eine Ersparnis bringen können – von der Spende bis hin zur neuen Brille.

Wenn es darum geht, die Steuerpflicht im Ruhestand zu klären, profitiert ein Teil der Rentnerinnen und Rentner von Steueränderungen, die im März 2024 verabschiedet wurden. Sie gelten für alle, die seit Anfang 2023 in Rente gegangen sind oder künftig in den Ruhestand gehen. Diese jüngeren Jahrgänge haben seither den Vorteil, dass die Steuerfreibeträge für ihre Renten, Pensionen und andere Einnahmen im Ruhestand nicht mehr so schnell schrumpfen, wie es über viele Jahre vorgesehen war. Das heißt, Sie rutschen nicht so schnell in die Pflicht, eine Steuererklärung abgeben oder Steuern zahlen zu müssen.

Durch diese jüngsten Änderungen bei den Steuerfreibeträgen sollte eine nicht zulässige Doppelbesteuerung – der Renten und der Beiträge, auf denen diese Renten basieren – vermieden werden. Vorher hatte es bereits eine weitere größere Neuerung gegeben, und zwar beim Steuerabzug von Altersvorsorgebeiträgen: Seit 2023 zählen Vorsorgebeiträge, die etwa an die gesetzliche Rentenversicherung oder in einen Rürup-Vertrag fließen, bis zu einer jährlich wechselnden Grenze komplett als Sonderausgaben. Vorher wurden sie zwar auch zum Großteil, aber nicht zu 100 Prozent zugunsten der Einzahlenden berücksichtigt.

Sollten Sie dennoch der Meinung sein, dass Sie im Ruhestand doppelt Steuern bezahlen, dann sollten Sie mit Hilfe Ihrer Steuerberaterin Widerspruch einlegen. Denn seit Anfang 2025 wurde der automatische Vorläufigkeitsvermerk in den Steuerbescheiden gestrichen.

Den Rentenfreibetrag als Steuerrabatt nutzen

Die Pflicht, abrechnen zu müssen, trifft vor allem die jüngeren Rentnerjahrgänge, denn für jeden neuen Jahrgang ist im Ruhestand ein immer größerer Anteil der gesetzlichen Rente und auch von anderen Einnahmen steuerpflichtig – weniger bleibt steuerfrei (vgl. Tabelle S. 31). So gilt etwa, dass für eine Rentnerin, die 2023 ihre erste gesetzliche Rente bezogen hat, 82,5 Prozent davon steuerpflichtig sind. Beim Rentenbeginn 2026 sind es bereits 84 Prozent. Im Vergleich dazu stehen ältere Rentnerjahrgänge also besser da. Floss zum Beispiel die erste Rente bereits 2005 oder früher, war von der anfangs gezahlten Rente nur die Hälfte steuerpflichtig, und die andere Hälfte blieb lebenslang steuerfrei.

Wichtig: Der steuerfreie Anteil gilt jeweils auch für Renten aus beruflichen Versorgungswerken und Rürup-Renten.

BEISPIELFALL HELENE. Helene ist alleinstehend und 2025 in Rente gegangen. Daher sind 83,5 Prozent ihrer gesetzlichen Rente steuerpflichtig. 2026 erhält sie 14 800 Euro gesetzliche Rente. 83,5 Prozent davon ergeben 12 358 Euro. Davon kann sie pauschal 102 Euro Werbungskosten abziehen. So erreicht sie 12 256 Euro steuerpflichtige Renteneinkünfte. Damit bleibt sie unter dem für 2026 geltenden Grundfreibetrag von 12 348 Euro. Für 2026 muss sie somit keine Steuererklärung abgeben.

Nach Ablauf des ersten vollen Jahres im Ruhestand ermittelt das Finanzamt für jede Rentnerin und jeden Rentner anhand der Jahresrente einen persönlichen Steuerfreibetrag. Für Helene aus dem Beispiel oben sind das 16,5 Prozent von ihren 14 800 Euro gesetzliche Rente, also 2442 Euro. Der Steuerfreibetrag gilt im Regelfall auf Dauer. Das Finanzamt legt ihn künftig immer zugrunde, wenn es die steuerpflichtigen Einkünfte errechnet.

Zu beachten ist: Der Freibetrag ändert sich auch dann nicht, wenn die Renten steigen – das Plus aus der meist jährlich anstehenden Erhöhung ist voll steuerpflichtig. Das bedeutet: Auch, wer bisher keine Steuererklärung machen muss, kann eventuell später in die Abgabepflicht rutschen, weil mehr steuerpflichtige Einkünfte vorliegen.

Dieser Freibetrag gilt für private Renten

Renten aus privaten Versicherungen sind nur mit dem geringen Ertragsanteil, der meist um die 20 Prozent beträgt, steuerpflichtig. Je später die Rente beginnt, desto mehr bleibt davon steuerfrei (vgl. Tabelle Seite 31). Nach einem Urteil des Bundesfinanzhofs aus dem Jahr 2021 war zunächst unklar, ob Renten aus Versicherungen, die vor 2005 geschlossen wurden, sogar komplett steuerfrei sein könnten (Az. VIII R 4/18). Mit einer seit Anfang 2025 geltenden Gesetzesänderung wurde aber klargestellt, dass weiter die Besteuerung des Ertragsanteils gilt.

Die Höhe des steuerpflichtigen Anteils einer Rente aus betrieblicher Altersvorsorge richtet sich danach, ob die gezahlten Beiträge aus versteuertem oder unversteuertem Einkommen stammen: Sind sie aus voll oder pauschal versteuertem Einkommen geflossen, gilt etwa für Renten aus betrieblichen Direktversicherungen, Pensionskassen, Pensionsfonds und VBL-Renten die günstige Besteuerung wie für private Renten. Wurden die Beiträge hingegen aus unversteuertem Einkommen gezahlt, ist die Rente daraus voll steuerpflichtig. Das gilt auch für Riester-Renten.

Vorteil durch den Altersentlastungsbetrag

Für die komplett steuerpflichtigen Betriebs- und Riester-Renten können Sie aber den sogenannten Altersentlastungsbetrag nutzen, wenn sie zu Beginn des Steuerjahrs mindestens 64 Jahre alt waren. Der Freibetrag gilt für Gehälter, Kapitaleinkünfte, Einkünfte aus Vermietung und Verpachtung, aus selbstständiger Tätigkeit, aus privaten Veräußerungsgewinnen, aus Riester-Renten sowie für voll steuerpflichtige Zahlungen etwa aus Pensionsfonds oder Pensionskassen. Die Höhe dieses Steuerfreibetrags hängt vom Geburtsjahrgang ab. (vgl. Tabelle auf Seite 152).

KAPITALAUSZAHLUNG OPTIMIEREN. Besteht bei Ihrer betrieblichen Altersvorsorge die Möglichkeit, statt einer monatlichen Zahlung das angesparte Kapital auf einen Schlag zu erhalten, kann eine solche Auszahlung eventuell steuerfrei sein. Das gilt etwa für eine Kapitalabfindung aus einer bis Ende 2004 abgeschlossenen Direktversicherung. In anderen Fällen kann die Einmalzahlung allerdings auch eine enorme Steuerbelastung bringen. Klären Sie vorab, ob sich eine Umstellung von Rente auf einmalige Kapitalauszahlung steuerlich rentiert oder ob sich die Auszahlung zumindest in ein anderes Kalenderjahr mit niedrigeren Gesamteinkünften verschieben lässt.

Höhere Rentenbeiträge bringen Steuervorteil

Ruheständler, die vor 2005 mindestens zehn Jahre lang Beiträge oberhalb des Höchstbetrags zur gesetzlichen Rentenversicherung (West) gezahlt haben, können sich mit der sogenannten Öffnungsklausel einen Steuervorteil verschaffen: Diese Öffnungsklausel (nach § 22 Nr. 1 Satz 3 EStG) dürfte vor allem für Freiberufler und andere Selbstständige interessant sein sowie auch für alle, die zwischen Anstellungen und Selbstständigkeit während ihres Berufslebens gewechselt haben.

Um den Steuervorteil nutzen zu können, müssen Sie bei Ihrem berufsständischen Versorgungswerk eine Bescheinigung über die Einzahlungen in den einzelnen Jahren beantragen. Das Versorgungswerk ermittelt dann selbst, welcher Prozentsatz Ihrer Rente günstiger zu versteuern ist als der Rest. Die zehn Jahre müssen übrigens nicht zusammenhängen, sondern zählen auch einzeln zusammen. Der mitgeteilte Prozentsatz wird nur mit dem Ertragsanteil versteuert, der häufig geringer ist. Einzutragen ist er in Zeile 10 der Steuererklärung Anhang R, bei Auslandsrenten in Anhang R-AUS, Zeile 11. Diese Daten werden auch vom deutschen Versicherungsträger nicht elektronisch übertragen. Sie sollten also die Bescheinigung zur Nutzung der Öffnungsklausel frühzeitig bei Ihrem Versorgungswerk beantragen. Denn: Ist Ihr Einkommensteuerbescheid erst einmal bestandskräftig, geht nachträglich nichts mehr.

Zur Verdeutlichung betrachten wir einen Beispielfall: Rentner Uli bezieht seit dem Jahr 2013 eine Rente in Höhe von 1500 Euro monatlich und war mit Renteneintritt 65 Jahre alt. Sein Versorgungswerk ermittelte, dass 30 Prozent seiner Rente auf solchen erhöhten, bis 2004 eingezahlten Beiträgen beruhen. Das bedeutet, dass er nur 70 Prozent seiner Rente normal versteuern muss. Das Ergebnis: Mit Inanspruchnahme der Öffnungsklausel drückt Uli sein zu versteuerndes Einkommen um mehr als 2100 Euro.

Anteil der Rente mit Normalbesteuerung:

Steueranteil 70 % von 1500 Euro	= 1050 Euro
1050 Euro × 12 Monate	= 12 600 Euro
- Rentenfreibetrag von 42 % bei Rentenstart 2013:	
12 600 Euro × 42%= 5 292 Euro	- 5 292 Euro
Zu versteuerndes Einkommen	= 7 308 Euro

Anteil der Rente mit Öffnungsklausel:

1500 Euro × 30 %	= 450 Euro
450 Euro × 12 Monate	= 5 400 Euro
Hiervon steuerpflichtiger Anteil bei	
Rentenstart mit 65 in Höhe von 18 %	= 972 Euro
Steuerpflichtige Rente: 7 308 Euro + 972 Euro	= 8 280 Euro

Ohne Öffnungsklausel wären zu versteuern:

1500 Euro x 12 Monate	= 18 000 Euro
58 % von 18 000 Euro	= 10 440 Euro

Weitere Freibeträge für Pensionen anwenden

Erhalten Sie von ihrem ehemaligen Dienstherrn oder Arbeitgeber Versorgungsbezüge, die Sie wie Lohn versteuern müssen? Für diese Leistungen können Sie den sogenannten Versorgungsfreibetrag und einen Zuschlag zum Freibetrag nutzen. Die Höhe der Entlastung hängt davon ab, seit wann die Pension fließt. Sie schmilzt für jüngere Jahrgänge bis zum Jahr 2058 auf Null. Haben die Zahlungen der Versorgungsbezüge bis zum Jahr 2005 begonnen, dann waren hiervon 40 Prozent steuerfrei, allerdings höchstens 3000 Euro plus 900 Euro Zuschlag. Starten die Versorgungsbezüge 2026, dann sind nurmehr 12,8 Prozent hiervon steuerfrei, bis zu einer Höchstgrenze von 960 Euro plus 288 Euro Zuschlag.

Zu diesen Versorgungsbezügen zählen also Zahlungen, die man aufgrund eines früheren Dienstverhältnisses als Entgelt für die damalige Arbeitsleistung erhält, ohne dass die Mitarbeiterin oder der Mitarbeiter hierfür eigene Beiträge geleistet hat. Beamte erhalten Versorgungsbezüge im Ruhestand oder auch im Krankheitsfall. Witwen-/Witwer- und Waisengelder zählen ebenso dazu.

Solcherlei Bezüge gelten jedoch erst dann aufgrund des Erreichens einer Altersgrenze als Versorgungsbezüge, wenn die Steuerpflichtigen das 63. Lebensjahr (im Falle von Schwerbehinderung das 60. Lebensjahr) vollendet haben. Ab diesem Zeitpunkt kann auch der Versorgungsfreibetrag frühestens in Anspruch genommen werden.

Ein Beispiel dazu: Thomas ist 2024 vorzeitig in den Ruhestand gegangen. Im Jahr 2025 hat er insgesamt 18 000 Euro gesetzliche Rente erhalten, außerdem 2400 Euro aus einer privat abgeschlossenen Rentenversicherung. Zudem hat er 800 Euro Kapitalerträge erzielt. Dank des Sparerpauschbetrags von 1000 Euro im Jahr sind diese aber steuerfrei. Einen passenden Freistellungsauftrag hatte Thomas seiner Bank erteilt.

Thomas liegt mit seinen steuerpflichtigen Einkünften klar über dem Grundfreibetrag, der sich 2025 auf 12 096 Euro belief: Er erhielt seine erste gesetzliche Rente im Jahr 2024. Somit sind 83 Prozent der 2024 gezahlten Rente steuerpflichtig. Das sind 14 940 Euro (83 Prozent von 18 000 Euro).

Das Geld, das Thomas aus seiner privaten Versicherung bezieht, zählt nur mit dem eher niedrigen Ertragsanteil für die Steuer. Da Thomas diese erste Privatrente mit 63 ausgezahlt bekam, sind von der Auszahlung auf Dauer immer lediglich 20 Prozent steuerpflichtig. Für 2025 sind das 480 Euro (20 Prozent von 2400 Euro). Von den steuerpflichtigen Rentenanteilen zieht das Finanzamt pauschal 102 Euro Werbungskosten ab, sodass Thomas unterm Strich steuerpflichtige Renteneinkünfte in Höhe von 15 318 Euro (14 940 Euro + 480 Euro – 102 Euro) erzielt. Damit liegt er klar über dem Grundfreibetrag, und eine Steuererklärung abzugeben ist somit für ihn Pflicht.

Steuererklärung ganz einfach

Müssen Sie oder müssen Sie nicht? Stellen Sie sich darauf ein, im Ruhestand mit Job über kurz oder lang eine Steuererklärung abgeben zu müssen. Das kann sich sogar lohnen.

Eine freiwillige Steuererklärung kann sich auszahlen, selbst wenn Sie zunächst keine weiteren Einkünfte aus einer beruflichen Tätigkeit beziehen. Das ist zum Beispiel der Fall, wenn Sie im Lauf des Jahres Abgeltungssteuer für Kapitaleinkünfte zahlen mussten. Hat die Bank etwa im vergangenen Jahr von Kapitalerträgen oberhalb des Sparerpauschbetrags – er liegt bei 1000 Euro für Alleinstehende und 2000 Euro für Ehepaare – 25 Prozent Abgeltungssteuer plus 5,5 Prozent Solidaritätszuschlag einbehalten, war dieser Abzug eventuell zu hoch. Denn liegt der persönliche Steuersatz niedriger als 25 Prozent, muss auch nur dieser Steuersatz für Kapitaleinkünfte gezahlt werden. Die zu viel einbehaltene Steuer können sich Anlegerinnen und Anleger über die Steuererklärung also zurückholen.

Diese Posten bringen Rentnern Steuerrabatt

Wer mit dem Finanzamt abrechnen muss, hat deshalb nicht automatisch Steuern zu zahlen. Ein Grund: Das Finanzamt berücksichtigt von sich aus einige Posten zugunsten der Steuerpflichtigen, etwa pauschal 36 Euro für Sonderausgaben, pauschal 102 Euro Werbungskosten für die Renten sowie die Beiträge, die zur Basisabsicherung in die Kranken- und Pflegeversicherung gezahlt wurden. Bei gesetzlich Versicherten kürzt das Finanzamt den Beitrag für Kranken- und Pflegeversicherung dabei pauschal um 4 Prozent , weil dieser Anteil das Krankengeld mit abdeckt. Da viele Rentner auch mit Job jedoch keinen Anspruch auf Krankengeld mehr haben, entfällt für sie diese Kürzung. Wenn Sie in der Steuererklärung keine eigenen Angaben zu Werbungskosten machen, erkennt das Finanzamt für das staatliche Ruhegeld, eine private Rente sowie Riester- und Betriebsrenten pauschal insgesamt 102 Euro Werbungskosten im Jahr an. Für Pensionen verdoppelt sich der Betrag. Die real getragenen

Werbungskosten können allerdings viel höher sein, wenn Sie etwa eine Rentenberatung in Anspruch genommen oder anwaltlichen Beistand benötigt haben. Der Fiskus berücksichtigt dazu Gewerkschaftsbeiträge sowie 16 Euro für die Kontoführung, nicht jedoch Kosten für Arbeitsmittel wie Handy, Tablet sowie PC. Es genügt nicht, dass diese Geräte womöglich auch zur Bearbeitung der Steuererklärung genutzt werden. Für berufstätige Ruheständlerinnen und Ruheständler können diese Posten aber durchaus absetzbar sein und sollten daher in der Steuererklärung bei den Werbungskosten eingetragen werden.

So drücken Arbeitskosten Ihre Steuerlast

Haben Sie neben Ihrer Rente noch einen Job, den der Arbeitgeber nach Steuerklasse abrechnet? Das Finanzamt gewährt Ihnen dafür eine Pauschale für Werbungskosten. Sind Ihre Ausgaben, etwa für das Homeoffice oder Fahrten ins Büro höher, tragen Sie den höheren Betrag in der Steuererklärung ein. Die Beiträge zur Basisabsicherung in Kranken- und Pflegeversicherung berücksichtigt das Finanzamt automatisch als Sonderausgaben.

Weitere wichtige Sparposten, die Ruheständler von sich aus angeben sollten, sind zum Beispiel an Ex-Partner oder Ex-Partnerinnen gezahlter Unterhalt und Spenden, mit denen mildtätige, kirchliche, religiöse oder wissenschaftliche Zwecke unterstützt wurden. Auch Parteispenden zählen. Viele Posten sind in die Anlage Sonderausgaben einzutragen, Versicherungsbeiträge in die Anlage Vorsorgeaufwand. Es lohnt sich oft, auch kleine Posten zu notieren: Für Sonderausgaben rechnet das Finanzamt bis Ende 2025 pauschal mit nur 36 Euro im Jahr. Jeder darüber hinaus abgerechnete Euro senkt die Steuer. Finanzielle Belastungen für bestimmte Ausgaben – etwa für die medizinische Versorgung – bringen als außergewöhnliche Belastung einen Steuerabzug, sofern sie einen zumutbaren Eigenanteil übersteigen. Wie hoch dieser Abzug ist, können Sie mit unserem kostenlosen Rechner ermitteln, der online unter der Adresse test.de/Steuerrechner-fuer-Rentner zu finden ist.

Entscheidend ist die Höhe der Haushaltseinkünfte und die familiäre Situation der steuerpflichtigen Person. Liegt eine Behinderung vor, findet mit dem Behindertenpauschbetrag – unabhängig von der zumutbaren Belastung – ein weiterer Freibetrag Anwendung. Auszufüllen ist in diesem Fall mit der Steuererklärung die Anlage Außergewöhnliche Belastungen. Denken Sie beim Ausfüllen Ihrer Steuererklärung auch an medizinische Ausgaben und Pflegekosten, die Ihre Steuerlast im Ruhestand ebenfalls senken können.

STEUERERKLÄRUNG LEICHT GEMACHT. Grenzwerte und Steuerrechtsprechung können sich schnell ändern. Deshalb erarbeitet die Stiftung Warentest jedes Jahr einen aktuellen Steuerratgeber für Rentner und Pensionäre, der Zeile für Zeile durch die Steuererklärung führt, ob digital mit Elster oder klassisch auf Papier. Sie finden den Ratgeber unter test.de/shop und im Buchhandel.

Pflegepauschbetrag ansetzen

Versorgen Sie einen pflegebedürftigen Angehörigen unentgeltlich, steht Ihnen mit dem Pflegepauschbetrag eine weitere Entlastung zu. Und: Lassen Sie sich Arzneien, Hilfsmittel und Therapien ärztlich verordnen und Kuren, Reha, Psychotherapie sowie nicht anerkannte Therapien vom Amtsarzt oder Medizinischen Dienst attestieren. Dann zählen die Kosten beim Finanzamt mit. Steuerabzug bringen zudem Rechnungen für Helfer im Haushalt und Handwerker – auch entsprechende Posten aus der Nebenkostenabrechnung der Vermieterin oder des Verwalters. Anerkannt sind bis zu 20 000 Euro für Helfer im Haushalt. Dazu gehören auch Kosten für Pflegedienste. Zudem zählen bis zu 6 000 Euro für Lohn-, Fahrt- und Maschinenkosten für Handwerker im Haushalt. 20 Prozent des Rechnungsbetrags senken direkt die Steuer. Ausgaben rund um den Haushalt gehören in der Steuererklärung in die Anlage Haushaltsnahe Aufwendungen.

Wichtige Fristen und Formulare

Wer weiß, dass er oder sie im Ruhestand eine Steuererklärung machen muss, sollte die genauen Fristen dafür kennen und möglichst einhalten, denn sonst drohen Verspätungszuschläge. Die Erklärung für das Steuerjahr 2025 muss beispielsweise bis zum 31. Juli 2026 beim Finanzamt eingehen. Hilft eine Steuerberaterin oder ein Lohnsteuerhilfeverein bei der Erklärung, muss die Abrechnung spätestens am 30. April 2027 beim Finanzamt vorliegen. Deutlich mehr Zeit haben diejenigen, die ihre Steuererklärung freiwillig abgeben: nach Ablauf des Steuerjahrs vier Jahre. Die Steuererklärung für 2025 könnte somit noch bis Ende 2029 rechtzeitig vorgelegt werden.

Wenn Rentnerinnen und Rentner die Steuererklärung machen, ist vieles ähnlich, wie sie es meist aus früheren Jahren im Berufsleben kennen. Häufig ist es zum Beispiel weiterhin sinnvoll, wenn Paare eine gemeinsame Steuererklärung abgeben. Je nach Einkommen dürfte das meist günstiger sein als einzeln abzurechnen. Nur wenn die Partner eine gemeinsame Steuererklärung machen, profitieren sie vom Ehegattensplitting – also vom günstigen Steuertarif für Paare. Auch bei den auszufüllenden Steuerformularen finden Rentnerinnen vieles wieder, was sie oftmals aus der Steuererklärung im Berufsleben kennen, etwa den Hauptvordruck und die Anlagen Vorsorgeaufwand, Sonderausgaben und außergewöhnliche Belastungen. Die gesetzliche Rente gehört in die Anlage R, Renten aus betrieblicher Vorsorge oder aus einem Riester-Vertrag stehen in der Anlage R-AV/bAV. Die Anlage N für Einkünfte aus nichtselbstständiger Arbeit müssen viele Rentnerinnen und Rentner hingegen nicht mehr ausfüllen – es sei denn, sie gehen nebenbei einer angestellten Beschäftigung nach oder erhalten eine Pension. Ob und welche weiteren Formulare auszufüllen sind, hängt von der persönlichen Situation ab. So werden zum Beispiel Unterhaltszahlungen an nahe Angehörige in der Anlage Unterhalt abgerechnet. Wer Einkünfte aus Vermietung und Verpachtung hatte, benötigt die Anlage V und die 2023 neu geschaffene Anlage V-FeWo.

Das Finanzamt weiß schon recht viel über Sie

Viele der Daten über die gesetzliche Rente, Auszahlungen aus privater oder betrieblicher Altersvorsorge müssen aber gar nicht mehr in die Steuererklärung eingetragen werden, da sie dem Finanzamt bereits vorliegen. Wer seine Steuererklärung auf Papier erledigt, kann deshalb zahlreiche Zeilen, etwa in der Anlage R oder in der Anlage Vorsorgeaufwand, einfach frei lassen. Zu erkennen sind diese Zeilen daran, dass sie dunkelgrün unterlegt und mit einem kleinen „e" gekennzeichnet sind. Wer seine Erklärung auf Papier abgeben will, kann sich die Formulare beim Finanzamt abholen oder sie online herunterladen. Immer häufiger entscheiden sich aber auch Rentner dafür, ihre Steuererklärung nicht mehr auf Papier, sondern auf elektronischem Weg einzureichen. Das ist zum Beispiel über das Elster-Portal der Finanzverwaltung möglich. Ein Vorteil: Wer seine Steuererklärung einmal über das Online-Portal gemacht hat, kann in den folgenden Jahren auf alle bisherigen Elster-Daten zugreifen. Möglich ist außerdem, alle automatisch dem Finanzamt übermittelten Daten direkt in die aktuelle Steuererklärung einfließen zu lassen.

Vereinfachte Steuererklärung für Rentner nutzen

Wem das Verfahren zur Registrierung bei Elster zu umständlich erscheint, darf eventuell einen einfacheren Weg nehmen: Für Rentner und Pensionäre bietet die Finanzverwaltung eine vereinfachte Online-Steuererklärung an. Elektronische Bescheinigungen wie beispielsweise die Rentenbezugsmitteilung liegen dem Finanzamt ohnehin vor und werden hier automatisch in Ihre Erklärung eingepflegt.

Das Portal „Einfach Elster" können allerdings nicht alle nutzen. Wer zum Beispiel neben der Rente Einkünfte als Vermieterin oder aus einer selbstständigen Tätigkeit erzielt hat, kann leider nicht über dieses Portal vereinfacht abrechnen. Möglich ist die Abgabe der Steuererklärung hingegen, wenn zum Beispiel zur inländischen Rente oder Pension lediglich Einkünfte aus einem pauschal versteuerten Minijob dazukommen oder noch Kapitaleinkünfte, die der Abgeltungssteuer unterlagen oder für die der Sparerpauschbetrag in Anspruch genommen wurde.

Sie benötigen des Weiteren eine inländische Meldeadresse sowie eine Kontoverbindung in Deutschland. Erstnutzer geben für die Registrierung nur ihre Steuer-Identifikationsnummer und das Geburtsdatum ein. Sie erhalten dann per Post einen Zugangscode, mit dem sie sich anmelden. Beim Ausfüllen der Steuererklärung folgen Sie einem linearen Fragenkatalog und können zum Beispiel auch Posten wie Handwerkerkosten oder Gesundheitsausgaben abrechnen.

Eine weitere Beschleunigung könnte das Verfahren „Einfach Elster plus" auch für Rentner einmal bringen: Die Finanzverwaltung bietet es für besonders simple Fälle an. Dazu müssen Sie ebenfalls dem Abruf Ihrer elektronisch gespeicherten Daten zustimmen und können dann quasi „live" sehen, wie sich Ihre Steuererklärung in weiten Teilen von selbst ausfüllt. Das Ganze funktioniert bislang ab dem Steuerjahr 2023, und als Voraussetzung wird ein normales Elster-Zertifikat benötigt. Dazu dürfen Sie Ihre Steuererklärung nur für sich alleine abgeben, nicht paarweise. Es dürfen keine Kinder oder Riester-Verträge angegeben sein und bisher nur Einkünfte aus nichtselbstständiger Tätigkeit vorhanden sein.

VORAB MEHR WISSEN. Viele Ruheständler möchten sich vom Finanzamt ungern überraschen lassen und kalkulieren ihre mögliche Steuerlast lieber vorab mit eigenen Programmen und Rechnern. Hierbei ist eine kostenlose Bescheinigung der Rentenversicherung nützlich, die „Information über die Meldung an die Finanzverwaltung". Sie führt die wichtigen Daten auf, mit denen auch das Finanzamt rechnet. Wer sie einmal online beantragt, erhält die Bescheinigung ebenso in den Folgejahren automatisch bis Ende Februar zugesandt. Möglich ist die Beantragung unter der Adresse www.eservice-drv.de/SelfServiceWeb/.

Quelle: EStG

Steuervorteil für Ältere

Mit jedem Jahr später, in dem Sie Ihre gesetzliche Rente beziehen, sinkt der Steuerfreibetrag um 0,5 Prozentpunkte. Bei privaten Rentenversicherungen schmilzt der Steueranteil mit dem Alter des Empfängers. Beim steuerlichen Altersentlastungsbetrag ist ebenfalls eine Absenkung programmiert: Ab dem Jahr 2058 verschwindet er ganz.

Steuer auf die gesetzliche Rente

Jahr des Rentenbeginns	Besteuerungsanteil in Prozent	Prozentsatz für Rentenfreibetrag
2024	83,0	17,0
2025	83,5	16,5
2026	84,0	16,0
2027	84,5	15,5
2028	85,0	15,0
2029	85,5	14,5
2030	86,0	14,0

Ertragsanteil einer privaten Rentenversicherung

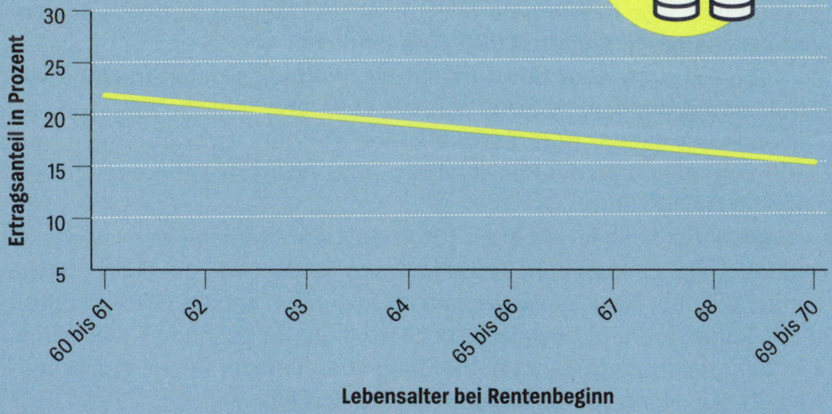

Mit so viel müssen Sie rechnen

Damit Sie abschätzen können, mit welcher Steuerzahlung Sie kalkulieren müssen, rechnen wir zwei musterhafte Konstellationen durch: zum Vergleich mit und ohne zusätzliche Einkünfte neben dem Rentenbezug.

In welcher Höhe steuerliche Abzüge fällig werden können, hängt stark davon ab, in welchem Jahr Sie erstmalig eine gesetzliche Rente bezogen haben. Eine wichtige Rolle spielt bei der Berechnung außerdem die Frage, ob Sie weitere Einkünfte neben der gesetzlichen Rente haben – beispielsweise Kapitaleinkünfte oder den Job aus einer Berufstätigkeit neben dem Rentenbezug.

Im Folgenden berechnen wir für den Musterrentner Michael und die Musterrentnerin Andrea jeweils die Höhe der fälligen Steuern. Sowohl Michael als auch Andrea sind alleinstehend und beziehen 2000 Euro gesetzliche Rente im Monat. Michael geht im Jahr 2025 regulär ohne weitere Einkünfte in Rente. Andrea nimmt hingegen eine Frührente ab 63 Jahren in Anspruch. Außerdem hat sie weitere Einkünfte neben ihrer gesetzlichen Rente: Sie bezieht zusätzlich 600 Euro Riesterrente jährlich. Darüber hinaus erhält sie insgesamt 3000 Euro im Jahr aus weiterer privater Vorsorge. In ihrem Beruf verdient sie 12000 Euro. Ihre Geldanlagen bescheren ihr weitere 1000 Euro jährlicher Kapitaleinkünfte. Da sie zum Job mit dem Auto fährt, macht sie Werbungskosten in Höhe von 2000 Euro geltend, dazu 2000 Euro als Außergewöhnliche Belastung für Gesundheitskosten. 400 Euro wendet sie für Versicherungen auf, 1900 Euro gehen an die Basiskranken- und Pflegeversicherung. Zudem spendet sie 200 Euro.

Sowohl für Michael als auch für Andrea ermitteln wir das jeweils zu versteuernde Einkommen. Sozialbeiträge lassen wir an dieser Stelle zunächst außer Acht. Diese werden im folgenden Kapitel „Clever kombiniert: Rente, Job und Sozialabgaben" ab Seite 34 gesondert behandelt. Für das Steuerjahr 2025 ist in den folgenden Berechnungen der Grundfreibetrag in Höhe von 12096 Euro berücksichtigt.

Michael, regulärer Rentenbeginn 2025, bezieht ausschließlich Rente

Bruttojahresrente:	24 000 Euro
– Rentenfreibetrag:	– 3 960 Euro
Gesamtbetrag der Einkünfte:	= 20 040 Euro
– Vorsorgeaufwendungen:	– 2 916 Euro
– Werbungskostenpauschale:	– 102 Euro
– Sonderausgabenpauschale:	– 36 Euro
zu versteuerndes Einkommen:	= 16 986 Euro
Es sind für 2025 an Steuern zu zahlen:	907 Euro
Steueranteil an Bruttoeinkünften:	3,8 Prozent

Andrea, Frührente mit 63 im Jahr 2023, weitere Einkünfte

Bruttojahresrente:	24 000 Euro
+ Privatrente:	+ 3 000 Euro
+ Riesterrente:	+ 600 Euro
+ Verdienst aus Job:	+ 12 000 Euro
+ Kapitaleinkünfte:	+ 1 000 Euro
= Gesamtbetrag der Einkünfte:	= 40 600 Euro
– Rentenfreibetrag:	– 4 200 Euro
=	36 400 Euro
Summe der steuerlich relevanten Einkünfte:	30 898 Euro
- Altersentlastungsbetrag:	–627 Euro
= Gesamtbetrag der Einkünfte:	30 271 Euro
- Vorsorgeaufwendungen:	–3 016 Euro
- andere Sonderausgaben:	–200 Euro
- außergewöhnliche Belastungen:	–338 Euro
= zu versteuerndes Einkommen:	26 717 Euro
Es sind für 2025 an Steuern zu zahlen:	3 390 Euro
Steueranteil an Bruttoeinkünften	8,4 Prozent

Obwohl Andrea mit einer ganzen Reihe von weiteren Zusatzeinkünften neben ihrer gesetzlichen Rente immerhin 40 600 Euro Gesamteinkommen erzielt, liegen ihre Steuerabzüge bei gerade einmal 8,4 Prozent. Eine Reihe weiterer Abzüge wie erhöhte Werbungskosten wurden nicht berücksichtigt, diese können die Steuerlast weiter schrumpfen lassen.

03

Clever kombiniert: Rente, Job und Sozialabgaben

Voll- oder Teilrente? Darauf kommt es an!

Die Abgaben für zwei Sozialversicherungen können sich erwerbstätige Rentnerinnen und Rentner sparen und so ihr Nettoeinkommen erhöhen. Wir sagen, wie das geht.

Ein fester Posten, den Rentner regelmäßig einplanen müssen, sind Beiträge zur Kranken- und Pflegeversicherung – entweder gesetzlich oder privat. Das gilt ganz unabhängig davon, ob Sie noch einem Job neben der Rente nachgehen oder nicht. Wie Sie im Ruhestand abgesichert sind, hängt vom Versicherungsschutz zum Ende des Berufslebens ab. Die große Mehrheit der Berufstätigen ist vor Rentenbeginn in einer gesetzlichen Krankenkasse versichert. Damit bleiben sie im Ruhestand ebenso weiter gesetzlich versichert. Wer hingegen zum Ende des Arbeitslebens bei einem privaten Krankenversicherer ist, bleibt auch als Rentnerin oder Rentner privat kranken- und pflegeversichert. Ein Wechsel in eine gesetzliche Kasse scheidet nach dem 55. Geburtstag im Regelfall aus.

Wichtige Krankenversicherung der Rentner (KVdR)

Rund 18 Millionen Frauen und Männer in Deutschland sind in der gesetzlichen Krankenversicherung der Rentner (KVdR) pflichtversichert und profitieren hier von günstigeren Beiträgen – das ist der weit überwiegende Teil der deutschen Rentnerinnen und Rentner. Zu den Pflichtversicherten gehören unter anderem alle, die in ihrem Berufsleben immer in einer gesetzlichen Kasse wie AOK, Techniker Krankenkasse, Barmer & Co. versichert waren. Dabei spielt es keine Rolle, ob sie als Angestellte selbst Kassenmitglied waren, sich über den Partner oder die Partnerin beitragsfrei versichern konnten oder als Selbstständige oder Angestellte mit hohem Verdienst freiwillig die Mitgliedschaft in einer gesetzlichen Krankenkasse gewählt hatten. Auch wenn Sie im Laufe des Berufslebens von einer gesetzlichen in eine andere gesetzliche Krankenkasse gewechselt sind, ist das ohne Bedeutung. Die Pflichtmitgliedschaft in der KVdR startet automatisch mit dem Rentenantrag. Sie als Ruheständlerin können diese Form der Kranken- und Pflegeversicherung nicht bewusst wählen, sondern Ihre gesetzliche Krankenkasse prüft, ob Sie mit dem Rentenstart die nötigen Voraussetzungen wie die Vorversicherungszeit dafür erfüllen und meldet dann den daraus errechneten Beitrag an die Rentenkasse weiter. Die Rentenkasse wiederum zieht Ihren individuellen Beitragsanteil für Kranken- und Pflegeversicherung vom Bruttorentenbetrag ab und überweist Ihnen den Rest aufs Konto.

Aber: Solange Sie die Rente mit einer etwas besser bezahlten Erwerbstätigkeit kombinieren, die oberhalb der Minijob-Grenze liegt, bleibt Ihnen die Krankenversicherung der Rentner noch verschlossen. Sie sind vorerst weiterhin so versichert, wie Sie es zuvor waren. Selbstständigen im Hauptjob ist der Zutritt zur KVdR indes grundsätzlich verwehrt.

Unser Tipp: Behalten Sie trotzdem die Krankenversicherung der Rentner für die Zeit nach Ihrer Erwerbstätigkeit parallel zur Rente im Blick und erkundigen sich frühzeitig bei Ihrer Krankenkasse, ob diese für Sie in Zukunft infrage kommen könnte. So vermeiden Sie es, später im echten Ruhestand ohne Job von unerwartet hohen Beiträgen und Abzügen überrascht zu werden.

Denn die Alternative zur KVdR ist die sogenannte freiwillige Versicherung in der gesetzlichen Kasse. So ganz freiwillig ist diese nicht, aber man würde Sie hier einsortieren, wenn Sie längere Zeit über der jeweiligen Versicherungspflichtgrenze verdient haben (2025: 6150 Euro im Monat beziehungsweise 73800 Euro im Jahr; 2026: 6450 Euro im Monat beziehungsweise 77400 Euro im Jahr) und somit theoretisch in eine private Krankenversicherung hätten wechseln können.

Später auf die 90-Prozent-Hürde achten

Ihr Weg in die vorteilhafte Krankenversicherung der Rentner könnte später versperrt sein, weil Sie länger privat versichert waren oder etwa im Ausland gelebt haben. Der Grund: Eine Voraussetzung für die Pflichtmitgliedschaft in der Krankenversicherung der Rentner lautet, dass die Rentnerinnen und Rentner in der zweiten Hälfte ihrer beruflichen Tätigkeit mindestens 90 Prozent der Zeit gesetzlich versichert waren. Diese verpflichtende Vorversicherungszeit kann ein Hindernis sein, zum Beispiel, wenn eine Frau im Berufsleben längere Zeit privat krankenversichert war und erst mit Mitte 50 in eine gesetzliche Kasse zurückgekehrt ist. In einem solchen Fall wird die Krankenkasse genau prüfen, ob sie die Vorversicherungszeit erfüllt. Wenn nicht, bleibt der Frau nur die Alternative, sich freiwillig in einer gesetzlichen Krankenkasse abzusichern.

Die Pflichtversicherung der Krankenversicherung der Rentner kann für Ruheständler deutlich günstiger sein als die freiwillige Versicherung. Die freiwillig Versicherten müssen oft deutlich höhere Beiträge bezahlen, da sie für mehr Einnahmearten Beiträge aufbringen müssen. Kranken- und Pflegebeiträge werden nämlich lebenslänglich für sämtliche Einnahmen fällig, die dem Lebensunterhalt dienen: Miet- und Kapitaleinkünfte zählen genauso dazu sowie Privat- und Riester-Renten – wenn auch zu einem ermäßigten Satz (vgl. „Krankenversicherung: Pflicht oder Kür" auf Seite 154). Sobald Sie in der Krankenversicherung der Rentner versichert sind, dürfen Sie hingegen etliche Einnahmen im Alter – von Privatrenten bis Mieteinnahmen – kassieren, ohne dass Ihnen davon Krankenversicherungs- und Pflegeversicherungsbeiträge abgezogen werden.

Privatversicherte sind von diesen Regelungen nicht betroffen. Sie zahlen ihre Beiträge unabhängig vom Einkommen oder von Zusatzeinkünften. Das gilt gleichermaßen für eine Kombination aus Rente und Job.

Wenn man als gesetzlich Krankenversicherter neben einer Frührente, einer regulären Rente oder einer später ausgezahlten Rente noch berufstätig ist, können auf den Verdienst Sozialversicherungsbeiträge anfallen, etwa, wenn Sie in einer angestellten Beschäftigung regelmäßig über der Minijob-Grenze verdienen. Sozialbeiträge können außerdem für ausländische gesetzliche Ruhegelder fällig werden.

BEITRAGSBEMESSUNGSGRENZE BEACHTEN. Auch für Rentner in der gesetzlichen Kranken- und Pflegekasse gilt die Beitragsbemessungsgrenze des aktuellen Jahres, die auch mögliche Zusatzeinnahmen aus einem Job einschließt. Die Bemessungsgrenze steigt erfahrungsgemäß von Jahr zu Jahr an. 2025 lag sie bei 5 512,50 Euro im Monat oder 66 150 Euro jährlich, 2026 liegt sie bei 5 812,50 Euro monatlich beziehungsweise 69 750 Euro jährlich. Ein Verdienst über dieser Einkommensgrenze ist beitragsfrei.

Jede gesetzliche Kasse erhebt einen allgemeinen Beitragssatz und einen kassenindividuellen Zusatzbeitrag. 2026 beträgt der allgemeine Beitragssatz im Schnitt je nach Art der Einkünfte zwischen 14,0 und 14,6 Prozent sowie der Zusatzbeitrag 2,9 Prozent. Erhöhungen sind jedoch möglich. Für die gesetzliche Pflegeversicherung bleiben die Werte für 2026 zunächst stabil: Für kinderlose Ruheständler mit Geburtsjahr ab 1940 sind 4,2 Prozent Beitrag zu leisten, mit Kindern 3,6 Prozent (Rentner und Rentnerinnen, deren Kinder jünger als 25 sind, zahlen weniger).

Sowie Sie Rente beziehen, schießt die Rentenversicherung die Hälfte zur Krankenversicherung zu. Allerdings müssen Sie dazu den entspre-

Krankenversicherung und Rente: Das zahlen Sie

Für die Höhe Ihrer Beiträge in der Krankenversicherung als Ruheständler ist die Vorversicherungszeit ausschlaggebend. Am günstigsten fahren Sie in den meisten Fällen in der Krankenversicherung der Rentner (KVdR), als Familienversicherte oder -versicherter sowie je nach Tarif als Privatversicherter.

Berufsleben

Pflichtversichert
Sie waren in einer gesetzlichen Krankenkasse pflichtversichert.

Freiwillig versichert
Sie waren in einer gesetzlichen Krankenkasse freiwillig versichert.

Familienversichert
Sie waren über Ihren Partner in einer gesetzlichen Krankenkasse familienversichert.

Wechselnd versichert
Sie waren zwischenzeitlich gar nicht oder auch privat krankenversichert.

Privat versichert
Sie waren in der zweiten Hälfte Ihres Berufslebens privat krankenversichert.

Ruhestand

Die Krankenkasse prüft, wie lange Sie in der zweiten Hälfte Ihres Berufslebens gesetzlich krankenversichert waren.

Pflichtversichert in der Krankenversicherung der Rentner (KVdR). Voraussetzung: Sie waren in der zweiten Hälfte des Berufslebens 90 Prozent der Zeit gesetzlich krankenversichert – egal, ob pflicht-, freiwillig oder familienversichert.

Freiwillig gesetzlich krankenversichert. Sie erfüllen die Vorversicherungszeit (siehe KVdR) nicht, sind aber vor Rentenbeginn gesetzlich versichert.[5)]

Privat krankenversichert. Auch als Rentner bleiben Sie privat krankenversichert.

Die Rentenversicherung übernimmt …

… automatisch **8,75 Prozent** der Bruttorente.[1)]

… auf Antrag **8,75 Prozent** der Bruttorente.[1)]

… auf Antrag **8,75 Prozent** der Bruttorente.[6)]

Sie zahlen …[2)]

8,75 Prozent der Bruttorente.[1)]

17,5 Prozent auf Betriebsrenten[3)]

16,9 Prozent auf sonstige Einkünfte[4)]

… einkommensunabhängige Beiträge

chenden Antrag bei der Deutschen Rentenversicherung stellen. Den Pflegebeitrag hingegen tragen Sie im Ruhestand in voller Höhe allein.

Ist eine kinderlose Rentnerin, die Pflichtmitglied in der Krankenversicherung der Rentner ist, zum Beispiel in einer Krankenkasse mit einem Beitragssatz von 17,1 Prozent versichert, musste sie 2025 die Hälfte dieses Satzes aufbringen, also 8,55 Prozent der Bruttorente (siehe dazu nebenstehend „Krankenversicherung und Rente: Das zahlen Sie"). Die andere Hälfte trägt die Rentenversicherung. Zudem zahlt sie als Kinderlose 4,2 Prozent der Rente für die Pflegeversicherung. In Summe wurden also 12,75 Prozent ihrer Altersrente für Sozialabgaben fällig.

Wie sich die Sozialabgaben zusammensetzen, verdeutlicht das folgende Beispiel (Stand: Dezember 2025): Walter ist im Jahr 2024 mit Erreichen der regulären Altersgrenze in Rente gegangen. Er ist Vater einer Tochter und bezieht 2 000 Euro Monatsrente. Weitere Einkünfte sind nicht vorhanden. Seine Krankenkasse erhebt 14,6 Prozent Beitrag.

Diese Sozialabgaben fielen 2025 für Walter an:

Monatlicher Krankenversicherungsbeitrag:	
2 000 Euro × 14,6 %	= 292 Euro
- Zuschuss der Rentenversicherung (50 Prozent):	
292 Euro × 50 Prozent = 146 Euro	−146 Euro
+ Zusatzbeitrag der Krankenkasse (2,5 Prozent):	
2 000 Euro × 2,5 Prozent = 50 Euro	+ 50 Euro
- Zuschuss der Rentenversicherung (50 Prozent):	
50 Euro × 50 Prozent = 25 Euro	−25 Euro
Walter bezahlt an Krankenversicherung:	
292 Euro – 146 Euro + 50 Euro – 25 Euro	= 171 Euro
Pflegeversicherung (als Vater ermäßigter Satz v. 3,6 Prozent):	
2000 Euro × 3,6 Prozent	= 72 Euro
Walter zahlt an Sozialabgaben insgesamt:	
171 + 72 Euro	= 243 Euro

Sonderweg für Betriebsrenten

Wer eine Betriebsrente erhält, muss die dafür fälligen Versicherungsbeiträge allein zahlen. Empfänger von Betriebsrenten, die in der Krankenversicherung der Rentner pflichtversichert sind, zahlen nur für einen Teil ihrer Rente den Krankenkassenbeitrag. Dafür sorgt ein Freibetrag. Durch

Stand: Dezember 2025, Erläuterungen siehe Seite 152

ihn bleiben 2026 die ersten 197,75 Euro der monatlichen Betriebsrente von Beiträgen verschont. Bei der gesetzlichen Pflegeversicherung sind die 197,75 Euro kein Freibetrag, sondern eine Freigrenze. Das bedeutet, dass man den vollen Beitragssatz für die gesamte Betriebsrente zahlen muss, sobald diese monatlich über 197,75 Euro liegt.

Voll- oder Teilrente? Das gilt es zu beachten

Viele angehende Ruheständler stoßen im Rentenantrag zum ersten Mal auf die Wahlmöglichkeit zwischen Voll- und Teilrente. Grundsätzlich gilt: Sie können sich Ihre Rente zu 100 Prozent auszahlen lassen – als Vollrente. Oder Sie beziehen sie als Teilrente zu Teilen zwischen 10 und 99,99 Prozent. Der vorläufige Verzicht kann sich lohnen, weil Sie so Grenzwerte zum Beispiel bei Sozialabgaben oder Steuern unterschreiten und Vorteile erlangen. Wie können Sie die Regelung für sich nutzen?

Flexibel bleiben. Die Teilrente beantragen Sie am besten gleich mit Ihrem ersten Rentenantrag. Sie können auch später umsatteln, dazu genügt ein formloser Antrag bei der Deutschen Rentenversicherung auf Teilrente nach § 42 SGB VI. Auf Dauer verpflichtet Sie das zu nichts. Sie dürfen im folgenden Monat wieder in eine Vollrente wechseln. Der Anteil, auf den Sie verzichtet haben, fällt der Versichertengemeinschaft und somit der Rentenkasse zu.

Vorteil für Frührentner. Viele angehende Ruheständler können eine vorgezogene Rente mit 63 beziehen und völlig problemlos in ihrem angestammten Job weiterarbeiten. Vorteilhaft ist in einem solchen Fall eine Teilrente, denn die üblichen Abschläge für Frührentner fallen dann nur auf den Teil an, den man auch einstreicht. Weil man weiterhin versicherungspflichtig beschäftigt ist, zahlt man in die Rentenkasse ein und erwirbt so zusätzliche Rentenansprüche. Wählen Sie eine Teilrente zwischen 50 und 99,99 Prozent, dann gleichen Ihre zusätzlichen Rentenansprüche die Einbußen der Teilrente meist mehr als aus.

Vorteil Pflege. Pflegen Sie Angehörige, die in mindestens Pflegegrad 2 eingestuft sind, so erwerben Sie neue Rentenansprüche. Für Vollrentner gilt das nicht. Aber Teilrentner sind als Pflegepersonen versicherungspflichtig und können so ihre Rente mit Angehörigenpflege aufbessern.

Schlupfloch zurück in die gesetzliche Kasse. Wer als privat Krankenversicherter das 55. Lebensjahr vollendet hat, kann in der Regel nicht mehr zurück in die gesetzliche Kasse. Bei der beitragsfreien Familienversicherung gilt diese Altersgrenze aber nicht. Bedingung: Sie erfüllen nicht die Voraussetzungen für die KVdR, Sie sind hauptberuflich nicht selbstständig, und Ihr monatliches Gesamteinkommen bleibt zunächst unter 565 Euro (bei einem Minijob unter 603 Euro, Stand: 2026). Mit einer entsprechend niedrig gewählten Teilrente erhalten Sie Anspruch auf beitragsfreie Familienversicherung über den Ehepartner. Nach der Anerkennung stellen Sie wieder auf Vollrente um. Wie lange das Schlupfloch offen bleibt, hängt von einem mit Spannung erwarteten Urteil des Bundessozialgerichts (Az. B 6a/12 KR 3/24 R) ab.

Aufpassen bei Betriebsrenten. Teilrenten konnten bisher die Auszahlung einer Betriebsrente hemmen. Gesetzlich war es erlaubt, dass Firmen die Auszahlung der Betriebsrente an eine Vollrente koppeln dürfen. Die Bundesregierung hat dazu eine Gesetzesänderung angestoßen.

Sozialabgaben nach der Regelaltersgrenze

Mit dem Erreichen der Regelaltersgrenze zahlen Sie auf jeden Fall geringere Beiträge zur sozialen Absicherung. Und manchmal haben Sie eine zusätzliche Wahl.

Die Frage, ob und in welcher Höhe Sie nun als Rentnerin oder Rentner mit einer bezahlten Beschäftigung mehr oder weniger Sozialversicherungsbeiträge als jüngere Angestellte zahlen, hängt von zwei Kriterien ab: dem Erreichen Ihres regulären Rentenalters sowie der von Ihnen gewählten Rentenart – Voll- oder Teilrente.

Vor dem Erreichen der Regelaltersgrenze

Als Vollrentner vor der Regelaltersgrenze mit Job haben Sie die Chance, in der Krankenversicherung einen ermäßigten Beitrag zu zahlen. Wägen

Sie ab, ob nicht trotzdem andere Vorzüge für die Wahl einer Teilrente sprechen können (vgl. Seite 35 ff. und Seite 45).

Außer dem Beitrag für die Krankenversicherung ändert sich wenig: Wenn Sie gleichzeitig Rente und Gehalt beziehen, bleiben Sie weiterhin in der Arbeitslosenversicherung versicherungspflichtig und müssen die Beiträge für Ihren Job begleichen, bis Sie Ihr reguläres Rentenalter erreichen. Die unveränderten 2,6 Prozent Beitrag (2026) teilen Sie sich mit Ihrem Arbeitgeber. Allerdings erhalten Sie im Falle eines Arbeitsplatzverlustes als Vollrentnerin oder Vollrentner kein Arbeitslosengeld. Beziehen Sie nur eine Teilrente, würde im Fall einer Arbeitslosigkeit in den letzten Jahren vor der Rente drei Monate lang Arbeitslosengeld fließen.

In der Krankenversicherung bleiben Sie ebenfalls in der Versicherungspflicht und teilen sich die entsprechenden Beiträge mit Ihrem Arbeitgeber. Vollrentnerinnen und Vollrentner können hier etwas sparen, denn sie müssen nur den ermäßigten Beitragssatz ohne Krankengeldanspruch begleichen, der um 0,6 Prozentpunkte niedriger liegt. Die Beitragsersparnis teilen Sie sich mit Ihrem Arbeitgeber zu gleichen Teilen.

In der Pflegeversicherung greifen die gleichen Vorschriften wie für Angestellte, die noch kein Ruhegeld beziehen. Das heißt: hälftige Teilung mit dem Arbeitgeber. Eine Ausnahme gilt in Sachsen, hier müssen Arbeitnehmer einen höheren Anteil stemmen. Kinderlose müssen 0,6 Prozentpunkte Aufschlag begleichen. Wer noch mehrere Kinder unter 25 Jahren hat, erhält eine Ermäßigung.

In der Rentenversicherung ändert sich für Ruheständler mit Job vor Erreichen der Regelaltersgrenze nichts: Sie teilen sich den Beitrag von 18,6 Prozent mit Ihrem Chef.

Nach dem Erreichen der Regelaltersgrenze

Ob Sie eine Vollrente oder eine Teilrente zur Auszahlung wählen: Mit Erreichen Ihrer individuellen Regelaltersgrenze können Sie sich einige Sozialbeiträge sparen. Allerdings kann es sich manchmal lohnen, diese freiwillig einzuzahlen („Rente plus Job: Ihre Sozialversicherungsabgaben auf einen Blick", Seite 45). In der Arbeitslosenversicherung sind Sie ab dem regulären Rentenalter versicherungsfrei und müssen keine Beiträge mehr entrichten. Ihr Chef bleibt jedoch in der Pflicht und muss weiter 1,3 Prozent (2026) in die Versicherungskasse einzahlen. In der Krankenversicherung gilt für Vollrentner und Vollrentnerinnen der ermäßigte Satz von aktuell 14 Prozent, denn sie haben ja keinen Anspruch mehr auf ein Krankengeld. Der individuelle Zusatzbeitrag Ihrer Kasse kommt noch obendrauf, und beide Beiträge teilen Sie sich mit Ihrem Chef.

Rechengrundlage siehe S. 88/89

Mehr Netto oder mehr Rente

Für Frührentner sind Beiträge Pflicht. Ab dem Erreichen der Regelaltersgrenze können Sie sich das Geld sparen – oder freiwillig weiter einzahlen und Ihre Rente erhöhen.

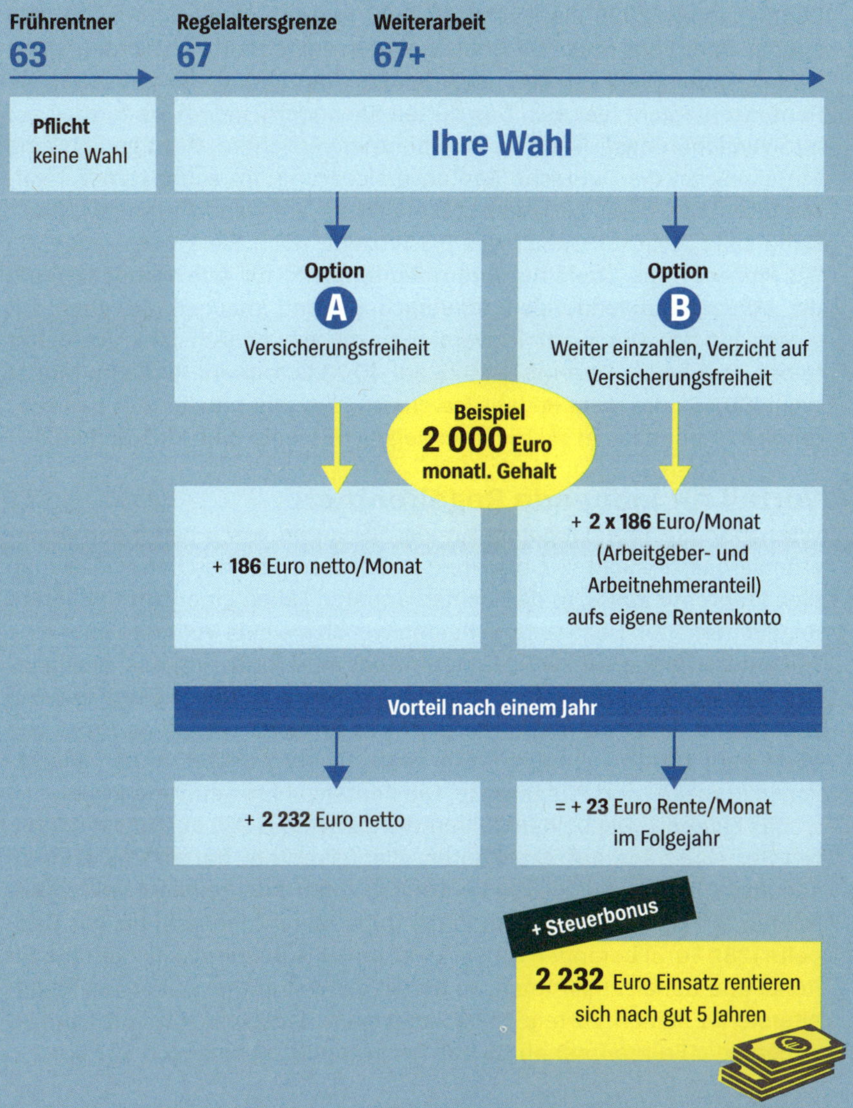

In der Pflegeversicherung greifen die gleichen Regeln wie vor Erreichen der Regelaltersgrenze: Hälftige Teilung mit dem Arbeitgeber, nur in Sachsen stemmen Arbeitnehmer einen höheren Anteil. Kinderlose müssen 0,6 Prozentpunkte Aufschlag begleichen. Wer noch mehrere Kinder unter 25 Jahren hat, erhält eine Ermäßigung.

In der Rentenversicherung wird es spannend: Sie sind mit Überschreiten der Regelaltersgrenze versicherungsfrei und können sich Ihren Beitragsanteil (2026 die Hälfte von 18,6 Prozent, also 9,3 Prozent) also sparen. Allerdings muss Ihr Chef weiterhin seine Hälfte entrichten, doch dieser Anteil fließt in den allgemeinen Rententopf, Ihr persönliches Rentenkonto geht leer aus. Das dürfen Sie ändern, indem Sie formell auf Ihre Versicherungsfreiheit als Regelrentner verzichten. Dazu genügt eine Mitteilung an die Deutsche Rentenversicherung. Im schönsten Verwaltungsdeutsch heißt sie „Verzichtserklärung auf Versicherungsfreiheit". Dann sinkt zwar Ihr Gehalt um 9,3 Prozent, doch Sie können auch die 9,3 Prozent Ihres Chefs auf Ihrem Rentenkonto für sich verbuchen und die Vorsorgeaufwendungen steuerlich geltend machen. Rentner mit einem Job als Durchschnittsverdiener, die ein ganzes Jahr gearbeitet haben, kamen bis Dezember 2025 auf 40,79 Euro mehr Rente im Monat oder 489,48 Euro mehr im Jahr. Jeweils im Folgejahr erhalten Sie das Rentenplus (mehr dazu in „Aktivrente: Regelaltersrente plus Job", Seite 87).

Vorteil für jobbende Regelrentner

Wir haben die Sozialabgaben für vier Varianten von arbeitenden Ruheständlern untersucht: Sie beziehen in den ersten beiden Konstellationen eine Frührente ab 63, in den beiden anderen Fällen eine Rente ab ihrem Regelrentenalter. Dazu unterscheiden wir, ob sie eine Vollrente oder eine Teilrente erhalten. Unsere Musterrentner sind kinderlos und alleinstehend, erhalten 2000 Euro gesetzliche Monatsrente (brutto) und erzielen zusätzliche Einkünfte ausschließlich aus Erwerbstätigkeit in Höhe von 1500 Euro brutto monatlich. Sie sind pflichtversichert in der gesetzlichen Kranken- und Pflegekasse. Die Rentenzahlung startete 2025.

Das Ergebnis: Die beiden Vollrentner zahlen mit 249 Euro die niedrigsten Sozialbeiträge auf ihre Renten, die Teilrentner hätten 255 Euro zu schultern. Beim zusätzlichen Rentnerjob kommt der reguläre Vollrentner mit nur 140 Euro davon, während der frühe Teilrentner mehr als das Doppelte (282 Euro) berappen muss. Zieht man die beiden Sozialbeiträge für Rente und Gehalt zusammen, so behält der Vollrentner mit seiner Regelaltersrente seinen Vorteil: Er hat insgesamt lediglich 389 Euro zu entrichten, der Frührentner ab 63 mit Teilrentenbezug hingegen 537 Euro.

Quelle: DRV/Ihre Vorsorge

Rente plus Job: Ihre Sozialversicherungsabgaben auf einen Blick

Sobald Sie Ihre individuelle Regelaltersgrenze überschreiten, können sich bei der Verbindung von gesetzlichem Ruhegeld und Arbeitseinkommen wesentliche Veränderungen bei den Sozialbeiträgen ergeben. Ein wesentliches Merkmal ist dabei die Frage, ob Sie eine Vollrente oder eine Teilrente gewählt haben.

Vor Erreichen der Regelaltersgrenze

	Vollrentner	Teilrentner
Arbeitslosenversicherung	■■■■■■■■■■ Ja, voller Beitrag	■■■■■■■■■■ Ja, voller Beitrag
Krankenversicherung	■■■■■□□□□□ Ja, ermäßigter Beitrag	■■■■■■■■■■ Ja, voller Beitrag
Pflegeversicherung	■■■■■■■■■■ Ja, voller Beitrag	■■■■■■■■■■ Ja, voller Beitrag
Rentenversicherung	■■■■■■■■■■ Ja, voller Beitrag	■■■■■■■■■■ Ja, voller Beitrag

Ab Erreichen der Regelaltersgrenze

	Vollrentner	Teilrentner
Arbeitslosenversicherung	Nur Arbeitgeber zahlt	Nur Arbeitgeber zahlt
Krankenversicherung	■■■■■□□□□□ Ja, ermäßigter Beitrag	■■■■■■■■■■ Ja, voller Beitrag
Pflegeversicherung	■■■■■■■■■■ Ja, voller Beitrag	■■■■■■■■■■ Ja, voller Beitrag
Rentenversicherung	Nein, aber auf Antrag möglich	■■■■■■■■■■ Ja, voller Beitrag

04

Den Renteneintritt verschieben

Doppeltes Renten-Plus bei Weiterarbeit

Schöner Nebeneffekt: Wer einfach über die Regelaltersgrenze hinaus weiterarbeitet, erhöht seine spätere Rente mit weiteren Einzahlungen und als Bonus mit einem Rentenzuschlag von 0,5 Prozentpunkten für jeden Extra-Monat.

Manchmal genügt es, nichts zu tun – zum Beispiel, wenn Sie den Rentenbezug aufschieben möchten. Dafür müssen Sie nicht einmal die Deutsche Rentenversicherung über Ihre Pläne informieren, es existiert auch kein besonderes Formular dafür, welches Sie womöglich auszufüllen hätten. Sie arbeiten einfach wie bisher in Ihrem sozialversicherungspflichtigen Job weiter. Dafür gibt es für jeden Monat des späteren Rentenbeginns einen Zuschlag von 0,5 Prozentpunkten auf die Rente. Ein Jahr späterer Renteneintritt bringt somit 6 Prozent Rentensteigerung.

Hinzu kommen die weiteren Rentenpunkte, die man mit seinem Einkommen und den davon abgeführten Beiträgen an die Rentenkasse ja ohnehin noch sammelt. Selbstverständlich nehmen die so gewonnenen neuen Ansprüche auch an den üblichen jährlichen Rentensteigerungen jeweils zum 1. Juli teil.

Sie können nach eigenem Gusto festlegen, wie lange und bis wann es nach dem Erreichen der Regelaltersgrenze weitergehen soll. Die wirtschaftliche Betrachtung sollten Sie hierbei jedoch unbedingt mit im Blick behalten.

Das bringen zwei Jahre länger im Job

Wie sich die zusätzlichen Rentenpunkte auf die Rentenhöhe auswirken, veranschaulicht das folgende Fallbeispiel:

Wolfgang, ein Durchschnittsverdiener mit 4208 Euro brutto im Monat, hat 45 Jahre in die Rentenkasse eingezahlt, bevor er im Juli 2025 seine reguläre Altersgrenze erreicht. Für jedes Jahr mit seinem Verdienst jeweils in Höhe des Durchschnitts der Bundesrepublik (bis 1. Juli 2023 gemäß Bundesgebiet West) erhält er genau einen Entgeltpunkt in der Rentenversicherung, der aktuell (1. Halbjahr 2026) 40,79 Euro wert ist.

Über 45 Jahre hinweg hätte Wolfgang damals bereits 1836 Euro Rente bekommen können:

45 × 40,79 Euro = 1836 Euro Monatsrente.

Wolfgang entschließt sich, diese Rente vorerst nicht zu beantragen und zwei Jahre länger in seinem angestammten Job zu arbeiten. Vom Juli 2025 bis zum Juli 2027 steigert er damit seinen Rentenanspruch auf 2148 Euro – um immerhin fast 17 Prozent mehr. Und das kommt so: Wenn Wolfgang zwei weitere Jahre wie der Durchschnitt verdient, erhält er zwei weitere Entgeltpunkte gutgeschrieben, er hat dann also insgesamt 47 Entgeltpunkte erworben:

47 × 40,79 Euro = 1917 Euro Monatsrente.

Zusätzlich greift der monatliche Zuschlag von 0,5 Prozentpunkten pro Monat aufgeschobene Rente, also 24 Monate x 0,5 = 12 Prozent:

1917 Euro Rente + 12 % (230 Euro) = 2147 Euro.

Wahrscheinlich würde Wolfgangs Rente sogar noch etwas höher ausfallen, denn wir haben seine weiteren jährlichen Rentenerhöhungen jeweils zum 1. Juli für die Jahre 2026 und 2027 in dem Musterfall zur Vereinfachung außer Acht gelassen, weil sie noch nicht sicher zu prognostizieren sind. Da diese zusätzlichen Anpassungen der Renten jährlich variabel bleiben und vor allem von gesamtwirtschaftlichen Daten wie Wachstum, Gehaltsplus und Beschäftigung abhängen, können sie in Zukunft stark schwanken oder im Falle von Krisen auch einmal ganz ausfallen. Dann bliebe es bei den alten Rentenwerten. Kürzungen bei den Renten und den erreichten Rentenanwartschaften sind qua Gesetz jedoch ausgeschlossen.

Rentenaufschub rentiert sich nur langfristig

Rein ökonomisch und auf die Rente bezogen betrachtet, muss man den Vorteil in unserem kalkulierten Musterfall jedoch etwas relativieren. Schließlich verzichtet Wolfgang über zwei Jahre hinweg auf seine ihm ja eigentlich längst zustehende Monatsrente in Höhe von 1836 Euro, insgesamt mithin auf 44 064 Euro. Bis fast zum Alter von 77 Jahren wäre ein Rentner, der seine Rente ab dem Erreichen der Regelaltersgrenze bezieht, wirtschaftlich im Vorteil: Er bezieht zwar eine etwas niedrigere Rente, aber diese dafür länger. Erst danach wendet sich das Blatt zugunsten des Länger-Arbeiters mit seiner später bezogenen, dafür höheren Rente.

Studie unter 2348 Personen. Stand: 2025
Quelle: Institut für Arbeitsmarkt- und Berufsforschung (IAB)

Drangeblieben

38 Prozent aller Erwerbstätigen arbeiten nach Renteneintritt weiter. Besonders hoch ist der Anteil der Selbstständigen unter den erwerbstätigen Rentnerinnen und Rentnern: 90 Prozent sind oder werden nach ihrem Rentenstart wieder selbstständig aktiv.

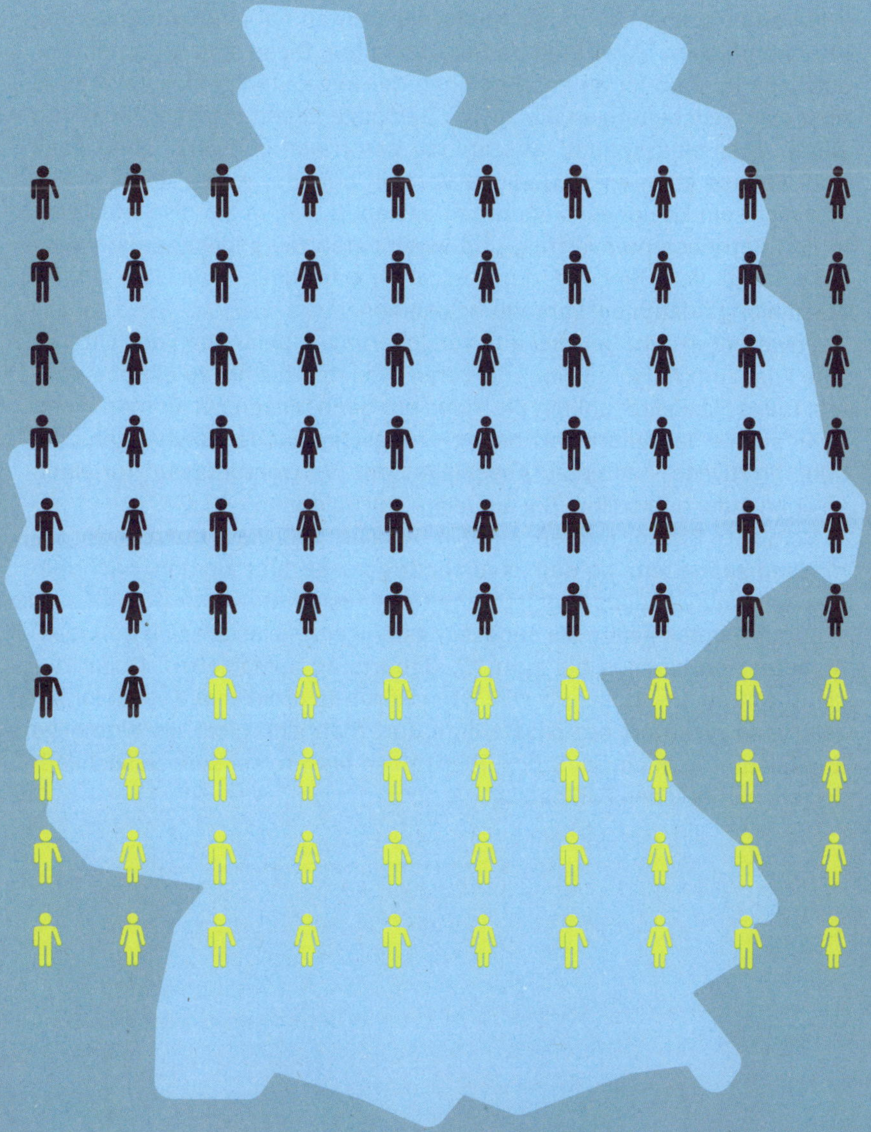

Arbeitslosenversicherung kann wegfallen

Wer ohne Rentenantrag weiter arbeitet, spart sich überdies den Beitrag zur Arbeitslosenversicherung. Denn: Ab dem Erreichen der Regelaltersgrenze entfällt diese Beitragspflicht für Arbeitnehmerinnen und Arbeitnehmer. Fällt der Arbeitsplatz aus irgendeinem Grund weg, stellt man einfach seinen Rentenantrag.

Fristen bei Zusatzrenten beachten

Wie immer sollten Sie mögliche Betriebsrenten bei einer Verlängerung Ihrer beruflichen Aktivitäten im Blick behalten. Diese sind oft an die gesetzliche Rente oder an das Erreichen der Regelaltersgrenze gekoppelt. Aber eventuell benötigen Sie diesen Geldsegen dann noch gar nicht und wären über eine spätere Auszahlung samt weiterer Verzinsung ganz froh. Ebenso kann es steuerliche Vorteile bringen, wenn Sie in einem Jahr nicht ein zu hohes Einkommen beziehen. Sehen Sie also frühzeitig in den Betriebsrentenvertrag, und vereinbaren Sie gegebenenfalls eine individuelle Verschiebung des Auszahlungstermins. Dasselbe gilt für Auszahlungsfristen bei Versorgungswerken.

Privatrenten zum Beispiel aus Versicherungen beinhalten des Öfteren eine Frist zum Aufschub von mehreren Monaten bis hin zu ein paar Jahren. Diese Flexibilität sollten Sie indes nur dann nutzen, wenn man Ihnen dafür auch eine weitere Verzinsung – möglichst auf dem bisherigen oder höheren Niveau – anbietet. Abschläge oder „Verwahrentgelte" für einen solchen Aufschub sollten Sie auf jeden Fall ablehnen.

Vorsicht: Riester-Renten sind in Sachen Fälligkeit restriktiver. Sie müssen spätestens ab dem Neujahrstag ausgezahlt werden, nachdem man sein individuelles Regelrentenalter erreicht hat.

Rürup-Renten gelten als anpassungsfähiger und lassen sich bei vielen Anbietern problemlos bis zum 75. Geburtstag aufschieben. Doch Vorsicht: Mit einem Aufschub verkürzen Rürup-Rentner ihre Auszahlungszeit, denn diese Art der Zusatzrente darf man sich nicht als einmalige Kapitalsumme in einem Stück überweisen lassen, sondern ausschließlich als monatlichen Zahlbetrag.

Arbeitsrecht: wie der Chef mitreden darf

Für welche Variante der Weiterarbeit Sie sich auch entscheiden: In den meisten Fällen hat Ihr Arbeitgeber ein Mitspracherecht.

Wir befinden uns im steilen Anflug auf das neue Regelrentenalter 67. Die aktuellen Rentenjahrgänge 1959 bis 1963 haben zwar noch eine 66 vor dem Komma ihrer regulären Rentenschwelle stehen, doch schon für alle ab 1964 Geborenen greift die 67. Diese Grenze markiert noch oft das Ende vieler Arbeitsverträge. Daran ändert auch die Tatsache nichts, dass in älteren Vertragswerken sehr häufig die 65 als Grenze genannt ist. Schließlich ist sich die Juristenschaft ziemlich einig in der Beurteilung, dass damit sinngemäß die jeweilige reguläre Altersgrenze gemeint sein soll. Das Arbeitsleben muss aus Altersgründen nicht einmal enden, selbst wenn dies so in einem Vertrag drinsteht. Denn das deutsche Arbeitsrecht kennt keine Altershöchstgrenzen für die Arbeit. Ausnahmen gibt es für Beamtinnen und Beamte sowie einige Berufe wie Soldaten, Piloten oder Polizisten sowie Beschäftigte bei Feuerwehren. Im Arbeitsrecht gibt es nur drei Gründe für das Ende eines Arbeitsverhältnisses: Kündigung, Aufhebungsvertrag oder Tod des oder der Arbeitnehmenden. Ansonsten besteht das Arbeitsverhältnis unbegrenzt auch über das Regelrentenalter weiter – wenn es unbefristet ist.

DISKRIMINIERUNG IM JOB WEGEN ALTERS ist laut Recht der Europäischen Union und mit dem Allgemeinen Gleichbehandlungsgesetz verboten. Ein Arbeitsvertrag kann zwar vorsehen, dass ein Job spätestens endet, sobald man eine jeweils in dem EU-Land gültige Regelaltersrente erreicht. Er endet aber nicht mit einer Frührente. Eine so fixierte Beendigung ist unzulässig, weil es sich um Altersdiskriminierung handelt. Auch der Beginn einer Altersrente für Schwerbehinderte beendet nicht das Arbeitsverhältnis. Dies wäre eine unzulässige Diskriminierung wegen einer Behinderung.

Mit 66 Jahren ist noch lange nicht Schluss, und auch nicht mit dem Erreichen der Regelaltersgrenze im Job. Denn meist regeln Tarifverträge der jeweiligen Branchen das Ende im Arbeitsleben, wenn dazu nichts im Anstellungsvertrag steht. Steht dort auch keine Beschäftigungsbegrenzung zu einem bestimmten Rentendatum, so muss der Arbeitgeber einen Aufhebungsvertrag anbieten. Sprich: Der Chef muss Arbeitnehmerinnen und Arbeitnehmern das Ende zu Beginn ihrer Regelaltersrente mit Geld schmackhaft machen oder er kündigt personenbedingt. Das darf er aber nicht mit der Begründung, dass Beschäftigte nun im Rentenalter angelangt seien.

Eine personenbedingte Kündigung darf beispielsweise in solchen Fällen ausgesprochen werden, in denen Arbeitnehmer und Arbeitnehmerinnen aufgrund persönlicher Eigenschaften oder Fähigkeiten nicht mehr in der Lage sind, vertragliche Pflichten zu erfüllen, und wenn dieser Zustand aller Voraussicht nach von Dauer ist. Als Gründe führt das Arbeitsrecht dafür unter anderem Krankheiten (langanhaltend und häufig) an, dazu fehlende Qualifikation und Eignung (zum Beispiel aufgrund mangelhafter Sprachkenntnisse, die aber im Job nötig wären; fehlende körperliche Voraussetzungen etwa nach einem Unfall oder Entzug und Verlust von nötigen Lizenzen wie Fahrerlaubnis für Berufsfahrer). Nachgewiesene Straftaten oder eine Freiheitsstrafe können gleichwohl eine personenbedingte Kündigung auch im Alter begründen, außerdem Alkohol- und Drogenabhängigkeiten.

Vier Mal Weiterarbeit

Arbeitsrechtlich sind vor allem vier Wege der Weiterarbeit für Rentner und Rentnerinnen relevant: Die unveränderte Weiterarbeit auch im regulären Rentenalter ohne Befristungsvereinbarung, die unveränderte Weiterarbeit im regulären Rentenalter mit einer Befristungsvereinbarung, der Wechsel der Aufgabe und der Wechsel in Teilzeit ab dem Erreichen der Regelaltersgrenze sowie die Beschäftigung im regulären Rentenalter bei einem ganz anderen, neuen Arbeitgeber.

Ohne Befristungsvereinbarung. Die unveränderte Weiterarbeit auch im regulären Rentenalter ohne Befristungsvereinbarung bedeutet kurz gefasst, dass Sie Ihren alten Job genauso wie bisher ausüben – also mit denselben Inhalten, Zuständigkeiten und Arbeitszeitmodellen. Wenn in Ihrem Arbeitsvertrag oder direkt zwischen Ihnen und Ihrem Arbeitgeber nichts anderes festgelegt ist, dann können Sie über die Regelaltersgrenze hinaus so in Ihrem alten Job weiter schaffen. Sobald die Chefin das so akzeptiert, kommt zwischen Ihnen und dem Betrieb ein unbefristetes Arbeitsverhältnis zustande. Nur durch Ihr Ableben, Ihre Kündigung oder (außerordentliche) Kündigung aus wichtigem Grund (wie zum Beispiel Diebstahl) wäre Ihr Arbeitsverhältnis somit zu beenden. Für die meisten Arbeitgeber ist eine solche Verpflichtung daher extrem unerwünscht. Denn zum einen müssen Chefs davon ausgehen, dass Sie mit zunehmendem Alter ab einem gewissen Zeitpunkt dann doch weniger leistungsfähig sind, als Sie sich vielleicht noch zu Anfang oder Mitte 60 wähnten. Und sollte die Chefin kündigen wollen, so müsste sie einkalkulieren, dass Sie dagegen klagen und sie womöglich eine Abfindung an Sie zahlen müsste, um Sie loszuwerden. Aus diesen Gründen finden solche Regelungen in der Praxis kaum Anwendung. Einen schönen Nebeneffekt hätte die Regelung dennoch für Sie: Bleibt Ihr Anstellungsverhältnis nach Beginn der Altersrente unverändert bestehen, dann hätten Sie in der Regel auch weiterhin Anspruch auf Entgeltfortzahlung im Krankheitsfall.

Mit Befristungsvereinbarung. Die unveränderte Weiterarbeit im regulären Rentenalter mit einer Befristungsvereinbarung ist für Arbeitgeber die angenehmste, weil überschaubare Variante einer nahtlosen Beschäftigung. Bereits seit Mitte 2014 findet sich im Gesetz eine Vorschrift, die für eine längere und befristete Weiterbeschäftigung älterer Mitarbeiter explizit den Weg freiräumt. Sie lautet so: „Sieht eine Vereinbarung die Beendigung des Arbeitsverhältnisses mit dem Erreichen der Regelaltersgrenze vor, können die Arbeitsvertragsparteien durch Vereinbarung während des Arbeitsverhältnisses den Beendigungszeitpunkt, gegebenenfalls auch mehrfach, hinausschieben" (§ 41 SGB VI). Arbeitsverträge auf Grundlage dieser Regelung lassen sich bei Erreichen des regulären Rentenalters des Öfteren zum Beispiel um ein oder zwei Jahre verlängern. Gibt es keine neue Vereinbarung zur Verlängerung, dann ist mit dem Rentner-Job bei Befristungsende Schluss. Das Arbeitsleben muss damit aber noch lange nicht ruhen, denn es bedeutet ja lediglich, dass bei diesem Arbeitgeber keine weitere Beschäftigung mehr drin ist. Einen anderen Job darf man sich natürlich trotzdem suchen.

Aufgabenwechsel und Teilzeit. Am häufigsten wünschen sich laut Arbeitsagentur Rentnerinnen und Rentner aber diese Variante: Wechsel der Aufgabe und/oder Arbeit in Teilzeit ab dem Erreichen der Regelaltersgrenze. Es ergibt ja auch für viele ältere Mitarbeiter durchaus Sinn, im Rentenalter die Arbeitszeit und eventuell die Inhalte des Jobs bei der angestammten Firma neu zu bestimmen, etwas kürzer zu treten. Altersangepasst eben. Nur: Dann würde rein arbeitsrechtlich ein neuer Vertrag zustande kommen. Und ein neuer Vertrag gerät streng genommen mit dem alten Recht in Konflikt, dem sogenannten Vorbeschäftigungsverbot aus dem Teilzeit- und Befristungsgesetz. Dieses schreibt ziemlich klar und streng vor, dass man mit demselben Chef keinen befristeten Job aushandeln darf, wenn zuvor schon ein Arbeitsverhältnis bestanden hat. Nach jahrelangen Beratungen wurde diese widersinnige Regelung mit dem im Dezember 2025 verabschiedeten Rentenpaket endlich abgeschafft. Ab Januar 2026 dürfen Chefs und Arbeitnehmende, die das reguläre Rentenalter erreichen, insgesamt bis zu zwölf Mal hintereinander und maximal für zusammen gerechnet acht Jahre befristete Verträge über eine solche geänderte Weiterbeschäftigung abschließen. Die wichtige Änderung erlaubt mittlerweile auch nahtlos aneinander geknüpfte Befristungsverträge bis zum 75. Geburtstag. Damit lassen sich von Vertrag zu Vertrag zum Beispiel die Arbeitszeiten von zunächst 50 Prozent mit Mitte 60 auf 20 Prozent etwa für 70-jährige reduzieren und immer wieder passende neue Aufgaben für die Job-Rentner definieren. Viele Firmenchefs schreckten deshalb aus Furcht vor Ärger mit Arbeitsgerichten vor einer Weiterbeschäftigung ihrer eigentlich bekannten und bewährten Seniorinnen sowie Senioren zurück.

Neuer Arbeitgeber. Völlig problemlos aus Sicht des Arbeitsrechts stellt sich der vierte Weg dar: einen Job im regulären Rentenalter bei einem neuen Arbeitgeber annehmen. Den Vertrag schließen Sie nach Wunsch mit oder ohne Befristung ab, ebenso sind Sie in der Wahl von Vollzeit- oder Teilzeitmodellen völlig frei. Beschränkungen aus dem vormaligen Vorbeschäftigungsverbot oder aus Befristungsketten brauchen Sie nicht zu interessieren. Passend hierzu entwickeln sich eine ganze Reihe von Stellenportalen, die sich auch außerhalb von Minijobs auf die Vermittlung von Mitarbeiterinnen und Mitarbeitern im Rentenalter spezialisiert haben.

Aus Chef-Sicht bieten Ältere auch Vorzüge

Sind ältere Mitarbeiter wirklich weniger belastbar, und wird man sie nach Erreichen der Regelaltersgrenze womöglich nicht mehr los? Diese Vorurteile halten sich hartnäckig, doch sind sie aus arbeitsrechtlicher Sicht eher grundlos: Arbeitgeber können auch ältere Bewerber ohne Vorliegen eines sachlichen Grundes bis auf zwei Jahre befristet neu einstellen. Eine unbefristete Einstellung ist nicht nötig. Und Unternehmen dürfen das Ende des Arbeitsverhältnisses auf die Regelaltersgrenze oder einen späteren selbst gewählten Zeitpunkt festlegen. So können Firmen auch noch eine 65-Jährige gut einstellen.

Einen besonderen Steuerbonus nutzen

Einige Steuervorteile gelten für Länger-Arbeiter ebenso, doch sie geraten manchmal aus dem Blickfeld. Vor allem der Altersentlastungsbetrag sollte hier genannt werden. Er greift für alle, die nach dem 64. Lebensjahr noch in Lohn und Brot stehen. Der Altersentlastungsbetrag ist ein Steuerfreibetrag. Er steht Ihnen für mehrere Arten von Einkünften zu, wenn Sie zu Beginn des jeweiligen Steuerjahres mindestens 64 Jahre alt waren. Je älter Sie sind, desto höher ist er. Sind Sie angestellt, dann erhöht sich Ihr Monatsnetto, sobald Sie Anspruch auf den Entlastungsbetrag haben. Für andere Einkünfte, etwa aus einer vermieteten Wohnung oder aus dem Verkauf von Wertpapieren, können Sie mit der Steuererklärung ebenso vom Freibetrag profitieren, dazu auch Einkünfte aus einer voll steuerpflichtigen betrieblichen Rente oder einer Riester-Rente. Für gesetzliche Renten sowie Beamten- oder Werkspensionen gilt der Altersentlastungsbetrag indes nicht (mehr dazu im Kapitel „Rente, Job und Steuern optimieren“, Seite 23).

BONUS-AUTOMATIK. Den Altersentlastungsbetrag müssen Sie im übrigen nicht gesondert in einem Steuerformular beim Finanzamt beantragen. Das Finanzamt berücksichtigt diesen Freibetrag automatisch selbst, sobald Sie Ihr 64. Lebensjahr vollendet haben und eine Steuererklärung einreichen.

Neue Perspektiven: Projektarbeit, Minijob oder Selbstständigkeit

Natürlich muss man nicht im selben Unternehmen und im selben Job tätig bleiben. Etwas Neues zu wagen, ist unter Ruheständlern weitverbreitet. Für eine Weiterarbeit über die Regelaltersgrenze hinaus existieren nämlich interessante andere Modelle.

Sie möchten noch keine Rente beantragen und gerne über Ihren offiziellen Rentenstart hinaus mit einer gewissen Abwechslung weiter beruflich aktiv sein? Kein Problem!

Beliebte Lösungen heißen dann Projektarbeit, Minijob oder Selbstständigkeit. Allen dreien ist gemeinsam, dass sich Ihr Status verändert und Sie in den ersten beiden Fällen einen neuen Vertrag über diese Beschäftigung abschließen müssen. Verlassen Sie sich dazu niemals bloß auf einen Handschlag von der Chefin oder auf eine mündliche Zusage über eine solche Weiterbeschäftigung vom Chef. Für einen möglichst nahtlosen Übergang vom alten, beendeten Job mit Erreichen der Regelaltersgrenze sollten Sie ein paar Monate vorher den neuen Vertrag über Projektarbeit oder Minijob abgeschlossen haben.

Falls Sie eine selbstständige Tätigkeit anstreben, sollten Sie vorab entsprechende Aufträge von künftigen Kunden einsammeln. Das können Sie natürlich auch beim alten Arbeitgeber tun oder Ihre geplante Projektarbeit mit einer Selbstständigkeit verbinden.

Was Sie bei einer Projektarbeit beachten sollten

Projektarbeit findet häufig außerhalb von eingefahrenen betrieblichen Routinen statt. Und hier könnten Sie als erfahrener Mitarbeiter oder als Fachfrau auch in Rente gefragt sein. Definiert ist Projektarbeit oft durch das eigenständige Bearbeiten einer besonderen Aufgabenstellung oder eines Problems durch eine speziell zusammengestellte Projektgruppe.

Solche Projekte laufen meist zeitlich befristet und sind häufig so speziell, dass es sich nicht lohnt, dafür auf Dauer eine eigene Abteilung in der Firma zu gründen. Projektgruppen können sich zum Beispiel mit der Entwicklung von Vorschlägen für ein neues Corporate Design befassen oder Ideen entwickeln, wie der Anteil fehlerhafter Produkte im Herstellungsprozess drastisch gesenkt werden kann. Die Projektarbeit steuert meist eine Projektleiterin.

Die meisten Projektarbeiten finden als befristete Arbeitsverhältnisse statt. Die Laufzeiten können höchst unterschiedlich sein – von ein paar Monaten bis hin zu mehreren Jahren. Eine solche Befristung ist zulässig, wenn das betreffende neue Arbeitsverhältnis einen Zweckbezug aufweist. Ein Klassiker sind etwa Projektteams, die den Umzug einer Firma steuern oder etwa gleich einen Neubau mit Umzug. Sie sind dann angestellt für die Dauer dieses Projekts bis zu seinem Abschluss.

Es besteht jedoch bei zweckbezogenen befristeten Arbeitsverhältnissen wie Projektarbeiten eine sogenannte Auslauffrist. Das bedeutet: Bevor das Projekt beendet wird, muss der Chef die betroffenen Projektmitarbeiter darüber schriftlich informieren. Zwei Wochen Vorlauf gelten dabei als üblich. So unterscheiden sich zweckbezogene Befristungen von anderen zeitlichen Befristungen, die automatisch nach Ablauf der betreffenden Zeit enden, ohne dass die Chefin es einem gesondert schreiben muss.

Vorteile von Projektarbeiten besonders für Ältere sind die oftmals freien Strukturen und Arbeitszeiten. Es wird mehr Wert auf Inhalte und Ergebnisse gelegt als auf eine tägliche Anwesenheit von einer gewissen Stundenzahl. Mobiles Arbeiten und Homeoffice sind ebenso weitverbreitet. Viele Projektarbeiter schätzen darüber hinaus die häufig von den Unternehmen bewusst gewählte Mischung aus jüngeren und älteren Mitarbeitern in den Projektteams.

STEUERN UND SOZIALABGABEN fallen bei einer regulären Projektarbeit genauso an wie in einem normalen Arbeitsverhältnis. Projektmitarbeiter können sich die Steuern und Sozialabgaben jedoch komplett sparen, falls es sich bei dem Projekt um eine kurzfristige Beschäftigung handelt. Davon spricht man, sobald sich Ihr Job auf drei Monate oder 70 Arbeitstage im Jahr beschränkt. Wie viel Sie dann verdienen, ist uninteressant. Der Arbeitgeber trägt Steuern und Sozialabgaben allein. Allerdings darf Ihr Job nicht den Status „berufsmäßig" erhalten.

Falls Ihnen die Aussicht auf eine projektbezogene Mitarbeit in Ihrem Unternehmen attraktiv erscheint und Ihr Arbeitgeber dem grundsätzlich positiv gegenübersteht, ist es empfehlenswert, sich schon rechtzeitig vor dem geplanten Ausstieg aus Ihrer bisherigen Beschäftigung im alten Unternehmen in verschiedenen Abteilungen oder bei der Arbeitnehmervertretung nach infrage kommenden geplanten Projekten für die Zukunft umzuhören.

Wichtig: Diese kurzfristigen Beschäftigungen sind als besondere Jobform zeitlich beschränkt und dürfen laut Gesetz daher nicht die Haupteinnahmequelle darstellen, mit der man sich seinen Lebensunterhalt verdient. Wäre dies der Fall, so würde der Job als „berufsmäßig" eingestuft und verlöre die genannten Vorteile. Kurzfristige Beschäftigungen kommen etwa in der Industrie bei erhöhter Produktion oder Termindruck häufiger vor sowie in der Landwirtschaft mit Helfern zur Erntezeit. Wer neben der kurzfristigen Beschäftigung zusätzlich einer selbstständigen Tätigkeit nachgeht, kann mit der Regelung Steuern und Abgaben sparen. Denn bei zusätzlicher selbstständiger Tätigkeit wird die kurzfristige Beschäftigung automatisch als nicht berufsmäßig eingestuft.

Was Sie bei einem Minijob beachten sollten

Seit Anfang 2026 ist es möglich, mit einer geringfügigen Beschäftigung im Schnitt bis zu 603 Euro im Monat ohne Abzüge hinzuzuverdienen. Das gilt auch für Personen im Rentenalter. Die Verdienstgrenze ist in den vergangenen Jahren stetig gestiegen, nachdem sie lange bei 450 Euro monatlich lag. Steuerfreie Zuschläge etwa für Feiertags- und Nachtarbeit werden nicht auf diese Grenze angerechnet. Für den Minijobverdienst werden zwar pauschal zwei Prozent Lohnsteuer fällig, doch diese übernimmt häufig der Arbeitgeber im Rahmen der sogenannten Pauschalversteuerung. Dann müssen Sie den Verdienst auch nicht in Ihrer Steuererklärung angeben. Wenn die Firma auch einen so niedrigen Verdienst nicht pauschal, sondern nach Steuerklasse beim Finanzamt abrechnet, ist das anders. Dann müssen Sie Ihre Zusatzeinkünfte in der Steuererklärung eintragen.

Also sollten Sie versuchen, den Minijob-Chef für die Pauschalversteuerung zu gewinnen. Aber selbst wenn der Chef die Lohnsteuer dann auf Sie abwälzt, also von Ihrem Verdienst abzieht, ist das in der Regel noch günstiger, als wenn nach Steuerklasse abgerechnet wird. Die Arbeitgeber tragen auch die fälligen Beiträge zur Kranken- und Rentenversicherung. Aber grundsätzlich wären Minijobber verpflichtet, einen Teil der Rentenbeiträge selbst zu tragen. Doch von dieser Pflicht darf man sich befreien lassen. Diese Möglichkeit nutzen zahlreiche Minijobber. Es kann sich trotzdem lohnen, selbst Rentenbeiträge zu zahlen, um etwa für den Ruhestand die Rentenansprüche zu steigern (ausführliche Informationen zum Thema Minijob und Rente im Kapitel „Minijob, Midijob und Ehrenamt" ab Seite 119).

Was Sie bei Selbstständigkeit beachten sollten

Sobald Sie Ihren regulären Job mit Erreichen der Regelaltersgrenze beendet haben, können Sie natürlich auch die Vorzüge einer selbstständigen oder freiberuflichen Tätigkeit wahrnehmen, ohne eine Rente zu beantragen. Viele Selbstständige im Rentenalter möchten nach einer langen Zeit der Festanstellung endlich eine eigene Geschäftsidee verwirklichen oder ihr Fachwissen als Freelancer oder Dienstleisterin nach eigener Zeiteinteilung anbieten. Das ist auch der große Unterschied im Vergleich zu Projektarbeiten oder Minijobs.

SICH IN RENTE ERFOLGREICH SELBSTSTÄNDIG zu machen, ist keine Kleinigkeit. Zunächst brauchen Sie viel Enthusiasmus, um einen solchen Schritt auch wirklich anzugehen. Ein Businessplan hilft, und Sie sollten alle Fixkosten gründlich kalkulieren. Wie andere Gründer können Sie sich dazu von der zuständigen lokalen Industrie- und Handelskammer beraten (IHK) lassen. Eine Altersgrenze für solche Beratungen gibt es nicht.

Wesentlich bleibt bei Ihrer Wahl der Tätigkeit zunächst die Unterscheidung in selbstständig oder freiberuflich: Freiberufler üben meist sogenannte Katalogberufe aus wie Ärztin, Übersetzer, Rechtsanwältin oder Journalist und unterliegen daher nicht der Gewerbeordnung. Sie brauchen folglich kein Gewerbe anzumelden und müssen auch keine Gewerbesteuer bezahlen. Wer Handel betreibt, ist hingegen gewerblich selbstständig tätig, muss sich dann beim Gewerbeamt anmelden und Gewerbesteuer bezahlen. Dasselbe gilt für handwerkliche Dienstleister oder für Verkäufer von Produkten. Das kann Auswirkungen auf die Steuer haben oder auf mögliche Zwangsmitgliedschaften wie bei der Industrie- und Handelskammer. Insofern sollten Sie zu Beginn genau prüfen, in welche Kategorie Ihre gewünschte selbstständige oder freiberufliche Tätigkeit fällt. Die Höhe Ihrer Honorare oder Stundensätze legen Sie meistens selbst fest. Nur in einigen Branchen (zum Beispiel dem Taxigewerbe) gibt es dazu festere Vorgaben oder Orientierungen.

Wesentlich im Bereich der Steuern und Sozialabgaben ist für Selbstständige und Freiberuflerinnen stets der Gewinn und nicht der Umsatz. Der relevante Gewinn definiert sich also über den Umsatz abzüglich der Kosten für die selbstständige oder freiberufliche Tätigkeit. Da Sie als Selbstständige oder Freiberufler jedoch erfahrungsgemäß mehr Ausgaben im Rahmen Ihrer Tätigkeit steuerlich geltend machen können als als Angestellte oder Angestellter, kann es sich durchaus lohnen, ein solches Projekt auch im Rentenalter einmal anzugehen.

Sie tragen dann allerdings auch im Rentenalter ohne einen Rentenbezug Ihre Sozialabgaben allein, denn es gibt ja für Selbstständigkeit keinen Arbeitgeberzuschuss. Seltene Ausnahmen sind besondere Einrichtungen wie die Künstlersozialkasse, über die etwa freie Publizisten und Schauspielerinnen einen Zuschuss zu ihren Sozialversicherungsbeiträgen beantragen können.

Im Zweifelsfall können Sie ja immer noch die Ihnen zustehende Rente (zusätzlich) beantragen – dann ändern sich jedoch Sozialabgaben und Steuern. Sprechen Sie davor am besten mit Ihrer Krankenversicherung sowie mit Ihrer Steuerberaterin, um die Änderungen bei einem geplanten Ruhegeldbezug und gleichzeitiger selbstständiger oder freiberuflicher Tätigkeit abschätzen zu können.

Weil Sie ja eine Rente beziehen (oder beziehen könnten), benötigen Sie als Senior-Selbstständiger womöglich gar kein Startkapital oder die Finanzinstitute sind aufgrund der regelmäßigen Rentenzahlungen eher bereit, Ihnen einen Firmenkredit zu gewähren. Nicht zu vergessen sind die oft günstigen Kreditangebote für Gründer der staatlichen KfW-Bank, die gleichfalls für unternehmungslustige Rentner gelten.

Neben den Industrie- und Handelskammern beraten umfangreich zum Thema Selbstständigkeit dazu viele Verbände oder Städte und Gemeinden mit eigenen Beratungsstellen – zum Beispiel für Start-ups.

FÜR SELBSTSTÄNDIGE RUHESTÄNDLER kann die sogenannte Kleinunternehmerregelung nach § 19 UStG besonders interessant sein. Sie brauchen hier praktischerweise keine Umsatzsteuer zu zahlen und müssen eine solche in der Folge nicht auf Ihren Rechnungen ausweisen, wenn Ihr Umsatz im vorigen Jahr 25 000 Euro netto nicht überschritten hatte und im laufenden Kalenderjahr die Marke von 100 000 Euro netto nicht übersteigt.

05

Aktivrente: Regelaltersrente plus Job

Grenzenlos hinzuverdienen, bis 2000 Euro steuerfrei

Wenn Sie eine reguläre Altersrente beziehen und gleichzeitig weiter berufstätig sind, bringen Ihnen der Wegfall von Sozialbeiträgen und steuerliche Vergünstigungen mehr Netto vom Brutto.

Die Corona-Pandemie und der mit ihr einhergehende Arbeitskräftemangel förderten ein wichtiges Umdenken in der deutschen Arbeitsmarktpolitik: Seit 2023 dürfen nun auch die meisten Frührentner grenzenlos hinzuverdienen, ohne dass ihnen die Rente gekürzt wird. Zuvor war das nur für Regelaltersrentner möglich. Wer früher in Rente gegangen war und neben dem Rentenbezug weiterarbeiten wollte, musste den ohne Abstriche bei der Rente möglichen Hinzuverdienst in einem umständlichen Verfahren errechnen. Der unbegrenzte Hinzuverdienst zur Rente scheint ein wichtiger Anreiz gewesen zu sein, denn schon heute sind mehr als 1,7 Millionen Frauen und Männer im Ruhestand zusätzlich erwerbstätig. Und voraussichtlich werden sich mit der Einführung der Aktivrente zukünftig noch mehr Menschen dazu entscheiden, Rente und Gehalt gleichzeitig zu beziehen.

Wenn Sie Ihre Rente ab dem Erreichen der normalen Altersgrenze beziehen, lohnt sich das Weiterarbeiten für Sie nach unseren Berechnungen in den allermeisten Fällen. Denn Sie kassieren ihre Rente ja ohne Abzüge und erhalten zusätzlich das Einkommen aus einem Job mit dann überwiegend viel geringeren Abgaben als im normalen Angestelltenverhältnis vor ihrem Rentenstart. Die Kombination aus Rente und Gehalt ergibt also mehr Netto vom Brutto. Im Falle von Minijob und kurzfristiger Beschäftigung können die Abgaben für Steuern und Sozialbeiträge sogar gänzlich auf Null sinken (siehe dazu das Kapitel „Minijob, Midijob oder Ehrenamt" ab Seite 118) und mit der neuen Aktivrente entfällt bis zur vorgesehenen Einkommensgrenze von 2000 Euro die Steuer auf das Arbeitsentgelt.

Um von den Vorteilen für reguläre Altersrentner zu profitieren, müssen Sie zunächst prüfen, ob Sie die Voraussetzungen dafür erfüllen. In der Regel teilt Ihnen die Deutsche Rentenversicherung in den Renteninformationen oder in der Rentenauskunft mit, ab wann für Sie der Bezug einer regulären Altersrente möglich wäre. Ab dem Geburtsjahrgang 1964 markiert der 67. Geburtstag den Start der regulären Rente, frühere Jahrgänge können schon etwas früher Ihre reguläre Altersrente beziehen. Das Alter allein genügt jedoch nicht, es müssen überdies mindestens fünf Jahre Versicherungszeit erfüllt sein.

Um Ihre Rente zu beziehen, müssen Sie diese bei der Deutschen Rentenversicherung beantragen. Das dafür erforderliche Formular R0100 können Sie bequem online auf deutsche-rentenversicherung.de ausfüllen. Sie benötigen dazu nur Ihre Rentenversicherungsnummer, einen Personalausweis oder Reisepass, Ihre Steueridentifikationsnummer und Ihre Kontodaten sowie Informationen zu Ihrer Kranken- und Pflegeversicherung. Gegebenenfalls sollten Sie die Geburtsurkunden Ihrer Kinder und bei einer Schwerbehinderung die entsprechenden Dokumente bereithalten. Anzukreuzen ist hier unbedingt die richtige Rentenart – das ist in Zeile 16 „Regelaltersrente". Solange Sie keinen Antrag stellen, geht die Rentenversicherung davon aus, dass Sie (noch) keine Rente beziehen wollen.

Regelrente plus Job: Die Basics

Für ein kleines zusätzliches, unkompliziertes Einkommen neben der Rente eignet sich ein Minijob. Bis zu 603 Euro monatlich dürfen Rentner und Rentnerinnen 2026 damit regelmäßig verdienen. Die fälligen Sozialabgaben übernimmt der Arbeitgeber. Lediglich Beiträge an die Rentenkasse zahlen auch Minijobber. Dadurch steigt sogar die Rente ein klein wenig. Allerdings können sie sich von dieser Pflicht befreien lassen (Näheres dazu ab Seite 119).

Der entscheidende Vorteil für arbeitende Regelrentner ist der Wegfall der Beiträge für die Arbeitslosenversicherung sowie für die Rentenversicherung. Das mindert Ihre Abgaben auf den Arbeitslohn spürbar. Insofern ist es sinnvoll, das Einkommen aus der Rente und das Einkommen aus der Beschäftigung gesondert mit ihren jeweiligen Spezifikationen zu betrachten.

Sozialabgaben und Steuer zählen

Sobald sie mehr verdienen als in einem Minijob, bezahlen Arbeitnehmer und Arbeitnehmerinnen einen immer größeren Teil ihrer Sozialabgaben selbst. Außerdem wird für sie auch die Einkommensteuer ein Thema. Das gilt selbst dann, wenn Ihre Rente allein so niedrig ist, dass darauf bislang keine Steuern angefallen sind: Denn zusammengenommen mit dem Arbeitslohn dürften Ihre Einkünfte sehr wahrscheinlich in den einkommensteuerpflichtigen Bereich oberhalb des Grundfreibetrags von 12348 Euro pro Jahr (2026) für Singles und das Doppelte für Paare rutschen.

Auf Ihr Arbeitseinkommen fällt in der Regel automatisch Lohnsteuer an, die Ihr Arbeitgeber für Sie an das Finanzamt abführt. Ebenso können Sie allein durch den Rentenbezug über den Grundfreibetrag gelangen und müssten dann in eigener Regie Steuern zahlen. Denn: Von den Bruttorenten zieht die Rentenanstalt nur die Kranken- und Pflegeversicherungsbeiträge ab.

Was Ihnen das Finanzamt dafür dann in Rechnung stellt, erfahren Sie erst nach Abgabe einer Steuererklärung für das vergangene Kalenderjahr – und Sie müssen die entsprechenden Steuern dann gegebenenfalls nachzahlen. Legen Sie dafür deshalb etwas Geld zurück, falls Sie neben der Rente ein Einkommen anpeilen. Das gilt vor allem für das erste Jahr, in dem Sie Ruhegeld und Gehalt gleichzeitig erhalten.

Auch wenn Sie durch die Kombination aus Rente und Job mit großer Sicherheit unterm Strich mehr netto zur Verfügung haben werden als zuvor, sollten Sie genau nachrechnen: Ein Job, der Ihnen nur knapp mehr als ein Minijob einbringen würde, lohnt sich unter Umständen finanziell nicht. Manchmal bringt es netto mehr, wenn Sie neben der Rente lediglich einen Minijob ausüben. Bei besser entlohnten Tätigkeiten wird der Vorteil aus Rente und Job ohnehin offensichtlich. Vergessen Sie bei Ihrer Abwägung aber nicht den Vorteil zusätzlicher Rentenbeiträge, wenn Sie brutto mehr verdienen (vgl. Seite 43).

Privat oder gesetzlich versichert: Das sind die wesentlichen Unterschiede

Als Privatversicherter hängt ihr Beitrag nicht vom Einkommen ab, sondern wird aufgrund des Risikos ermittelt. Sie müssen sich lediglich darum kümmern, von der Rentenversicherung und von Ihrem Arbeitgeber den jeweiligen Zuschuss auch zu erhalten. Für die Krankenversicherung sind dies 2026 maximal 508,59 Euro und für die Pflegeversicherung maximal 104,63 Euro im Monat, jedoch höchstens die Hälfte des tatsächlichen Beitrags.

Bei gesetzlich Versicherten spielt es eine Rolle, ob sie pflichtversichert sind und damit bis zur Beitragsbemessungsgrenze von monatlich

5812,50 Euro beziehungsweise 69750 Euro im Jahr verdienen (2026). Übersteigt Ihr Gehalt die Beitragsbemessungsgrenze, gelten Sie als freiwillig versichert. Nur bis zu diesen Grenzen müssen Sie mit Ihrem gesamten Einkommen aus Rente plus Gehalt Kranken- und Pflegeversicherungsbeiträge zahlen.

Bei den Beiträgen zur Krankenversicherung ist es wichtig, ob Sie Ihre Regelrente als Teil- oder Vollrente beziehen (vgl. ab Seite 35). Ihre Abgaben können – je nach gewählter Rentenart – etwas sinken.

Die Beiträge zu Kranken- und Pflegeversicherung

Wer gesetzlich versichert ist, muss sich meist um weniger kümmern: Sie erhalten von der Rentenversicherung den Zuschuss und automatisch die Beitragssätze Ihrer gewählten Krankenkasse von der Bruttorente abgezogen. Den Beitrag für die gesetzliche Pflegeversicherung zieht die Rentenkasse ebenfalls automatisch ab. Beim Gehaltsanteil übernimmt dies der Arbeitgeber. Allerdings müssen viele freiwillig Versicherte selbst für die Begleichung der Beiträge sorgen und die Zuschüsse von Chefs und Rentenkasse einsammeln.

Privatversicherte zahlen ihren Kranken- und Pflegebeitrag hingegen in voller Höhe zunächst selbst und müssen sich ebenso selbst darum kümmern, die entsprechenden Zuschüsse von der Rentenversicherung und vom Arbeitgeber überwiesen zu bekommen.

Um den Überblick zu behalten, was auf Sie zukommt, empfehlen wir, bei den Sozialabgaben eine Unterscheidung jeweils zwischen Gehaltsanteil und Rentenanteil vorzunehmen.

Das gilt bei der Krankenversicherung fürs Gehalt. Wenn Sie gesetzlich pflichtversichert sind und eine volle Altersrente beziehen, haben Sie keinen Anspruch auf Krankengeld. Ihr Arbeitnehmeranteil liegt deshalb bei ermäßigten 7 Prozent Ihres Arbeitsentgelts plus der Hälfte des kassenindividuellen Zusatzbeitrags. Mit Teilrente und Anspruch auf Krankengeld liegt Ihr Beitragsanteil bei 7,3 Prozent plus der Hälfte des Zusatzbeitrags. Als freiwillig Versicherter zahlen Sie den Beitrag meist zuerst selbst, das sind derzeit (2026) ermäßigt 14,0 Prozent oder normal 14,6 Prozent plus vollem Zusatzbeitrag auf Ihr Arbeitsentgelt bis zur Beitragsbemessungsgrenze (2026: 69750 Euro/Jahr). Sie erhalten vom Arbeitgeber aber die Hälfte des Beitrags als Zuschuss. Als Privatversicherter oder Privatversicherte ist der Zuschuss Ihrer Chefin auf den gesetzlichen maximalen Zuschuss wie bei Kassenversicherten begrenzt, höchstens jedoch auf die Hälfte Ihres tatsächlichen Beitrags.

Das gilt bei der Krankenversicherung für die Rente. Bei gesetzlich Pflichtversicherten zieht die Rentenversicherung 7,3 Prozent plus die Hälfte des kassenindividuellen Zusatzbeitrags von der gesetzlichen Rente ab. Freiwillig versicherte Rentner zahlen generell den vollen Beitrag von 14,6 Prozent plus Zusatzbeitrag auf ihre Rente selbst. Sie können einen Zuschuss von der Rentenkasse beantragen. Der entspricht dem hälftigen Beitrag. Freiwillig versicherte Beschäftigte, die Rente beziehen, haben den Höchstbeitrag aber schon durch die Beiträge auf das Arbeitsentgelt erreicht. Auf die Rente fallen dann keine weiteren Beiträge an. Privatversicherte müssen sich auch hier um den hälftigen Zuschuss bei der Rentenkasse kümmern und sollten diesen am besten gleich mit dem ersten Rentenantrag mitbeantragen.

Das gilt bei der Pflegeversicherung fürs Gehalt. Bei gesetzlich freiwillig und Pflichtversicherten beträgt der Anteil 2,4 Prozent für 2026 (Stand: Dezember 2025), wenn sie kinderlos sind. Haben sie lediglich ein Kind oder sind die Kinder 25 Jahre und älter, sind 1,8 Prozent fällig. Bei mehreren Kindern unter 25 sinkt der Beitrag weiter – doch das dürfte im Rentenalter selten vorkommen. Für das Bundesland Sachsen gelten Sonderbedingungen, die zu einem höheren Anteil der Versicherten führen. Privatversicherte tragen wiederum ihren individuellen Beitrag zunächst selbst und sollten auf den hälftigen Zuschuss von der Chefin achten.

Das gilt bei der Pflegeversicherung für die Rente. Kinderlose zahlen 2026 für die gesetzliche Pflegeversicherung 4,2 Prozent (Stand: Dezember 2025). Rentner, deren Kinder 25 Jahre und älter sind, zahlen 3,6 Prozent, mit einem Kind unter 25 ebenfalls. Gestaffelt weniger zahlen sie mit mehreren Kindern unter 25. Von der Rentenkasse gibt es keinen Zuschuss, Rentner und Rentnerinnen tragen ihre Pflegebeiträge somit komplett allein. Dasselbe gilt auch für Privatversicherte und deren Pflegetarife.

Manche Krankenkassen fordern von freiwillig versicherten Rentnern und Rentnerinnen einen Zuschuss zur Kranken- und Pflegeversicherung. Hier sollten Sie hellhörig werden und die Umstände genau prüfen. Nach unseren Erfahrungen passieren dabei häufig Fehler, weil das Modell „Job plus Rente" in den bürokratischen Abläufen der Sozialkassen noch immer einen Sonderfall darstellt. Wenn Sie im Jahr 2025 mehr als 73 800 Euro verdient haben, sind Sie als Arbeitnehmerin oder Arbeitnehmer freiwillig krankenversichert. Damit liegt allein Ihr Arbeitsentgelt schon über der in diesem Jahr gültigen Beitragsbemessungsgrenze von 66 150 Euro. Die Folge sollte sein: Auf Ihre Rente fallen keine weiteren Beiträge mehr an. Da Sie als freiwillig Krankenversicherter den gesamten Versicherungsbeitrag sehr wahrscheinlich komplett selbst überweisen müssen, zieht die Rentenversicherung ihn auch nicht automatisch von der Rente ab wie bei Pflichtversicherten.

Zu viel gezahlte Beiträge zurückfordern

Freiwillig versicherte Rentner und Rentnerinnen besitzen selbstverständlich ebenso einen Anspruch auf einen Beitragszuschuss zur Krankenversicherung von der Rentenkasse. Das Problem ist nur, dass dieser Zuschuss eigentlich zweckgebunden wäre und streng genommen nur für die Zahlung der Beiträge gedacht ist. Es kommt vor, dass Sie so keinen Zuschuss von der Rentenkasse erhalten und kurioserweise die Krankenkasse einen Zuschuss von Ihnen fordert. Das müssen Sie keinesfalls hinnehmen.

So sollten Sie nachrechnen, wenn die Krankenkasse Sie als freiwillig versichert eingestuft hat: Im Jahr 2025 waren Einnahmen bis maximal 66 150 Euro beitragspflichtig. Sie verdienen beispielsweise 60 000 Euro im Jahr in Ihrem Vollzeitjob, zusätzlich erhalten Sie eine Altersrente von 20 000 Euro. Arbeitgeber und Rentenkasse ziehen jeweils Kranken- und Pflegeversicherungsbeiträge ab, ohne sich abzustimmen. Insgesamt zahlen Sie so Beiträge auf 80 000 Euro Gesamteinkommen – und das ist natürlich viel zu viel. Stellen pflichtversichert Beschäftigte fest, dass sie beim Zusammenrechnen von Bruttoarbeitsentgelt und Bruttorente 69 750 Euro überschreiten (Stand: 2026), dann haben sie einen Anspruch auf Erstattung der zu viel gezahlten Versicherungsbeiträge. Diesen sollten sie bei ihrer Krankenkasse geltend machen, denn dort laufen ja die beiden Beitragszahlungen zusammen.

Freiwillig gesetzlich Versicherte und Privatversicherte sollten hingegen unbedingt auf die korrekten Zuschüsse von ihren Unternehmen sowie von der Rentenkasse achten.

Durchgerechnet: Das bringen Rente und Job

Da die Kranken- und Pflegebeiträge neben der Steuer die wichtigsten Abzugsposten bei einer Kombination von Rentenbezug und Arbeitseinkommen oberhalb der Minijobgrenze darstellen, ist deren Funktionsweise für die Beurteilung einer Berufstätigkeit als Rentner oder Rentnerin essenziell.

Unsere folgenden Beispielrechnungen beinhalten deshalb jeweils die Steuern und Abzüge in verschiedenen Einkommens- und Rentenhöhen. Wir vergleichen dafür die Regelungen vor und nach Einführung der Aktivrente, um den Effekt zu verdeutlichen.

Wir betrachten für unseren Vergleich eine Musterrentnerin namens Petra. Petra ist 1958 geboren und 2025 regulär in Rente gegangen. Sie ist Single, kinderlos, zahlt keine Kirchensteuer und ist gesetzlich versichert. Besondere Abzüge oder Sonderausgaben macht sie nicht geltend, über ihren sozialversicherungspflichtigen Zusatzjob hinaus auch keine weiteren Einkünfte. In 2025 bezog sie 24 000 Euro Rente, also 2 000 Euro monatlich. Diese lässt sie sich zu 100 Prozent als Vollrente überweisen. In den Musterrechnungen zeigen wir, wie sich Petras Einkommen verändert, wenn Sie eine Beschäftigung aufnimmt. Dafür nehmen wir unterschiedliche Höhen von Renteneinkommen und Gehalt an.

In den ersten Beispielrechnungen vergleichen wir, wie Petra netto abschneidet, wenn sie das gleiche Einkommen einmal 2025 vor Rentenbeginn als Angestelltengehalt erhalten hat oder nur als Ruhegeld nach Erreichen der Regelaltersrente im Jahr 2025 vor der Aktivrente.

Das blieb von 2000 Euro Monatsrente ohne zusätzliches Gehalt

Bruttorente	2 000 Euro
– Einkommensteuer	–73 Euro
– Krankenversicherung	–171 Euro
– Pflegeversicherung	–84 Euro
Nettorente	= 1672 Euro

Das blieb von 2000 Euro Monatsgehalt vor Renteneintritt

Bruttogehalt	2 000 Euro
– Einkommensteuer	–92 Euro
– Rentenversicherung	–186 Euro
- Krankenversicherung	–171 Euro
– Pflegeversicherung	–46 Euro
– Arbeitslosenversicherung	–26 Euro
Nettogehalt	= 1479 Euro

Das blieb von 3000 Euro Monatsrente ohne zusätzliches Gehalt

Bruttorente	3000 Euro
– Einkommensteuer	–252 Euro
– Krankenversicherung	–257 Euro
– Pflegeversicherung	–126 Euro
Nettorente	= 2365 Euro

Das blieb von 3000 Euro Monatsgehalt vor Renteneintritt

Bruttogehalt	3000 Euro
– Einkommensteuer	–299 Euro
– Rentenversicherung	–279 Euro
– Krankenversicherung	–257 Euro
– Pflegeversicherung	–69 Euro
– Arbeitslosenversicherung	–39 Euro
Nettogehalt	= 2057 Euro

Im Ergebnis werden die Unterschiede mit dem Statuswechsel von der reinen Angestelltentätigkeit hin zur Ruheständlerin recht deutlich: Als Rentnerin hatte Petra einmal gut 200 und einmal gut 300 Euro mehr netto auf dem Konto, denn beim gleichen Einkommen als Gehalt vor der Rente schlagen vor allem die zusätzlichen Sozialabgaben der Renten- und Arbeitslosenversicherung zu Buche. Der Rentenstatus bringt also klare Vorteile mit sich. Aber wie sieht es aus, wenn wir die Rente mit einen zusätzlichen Gehalt kombinieren?

Das blieb Petra bei 2000 Euro Monatsrente …

Bruttorente	2000 Euro
– Einkommensteuer	–73 Euro
– Rentenversicherung	–0 Euro
– Krankenversicherung	–171 Euro
– Pflegeversicherung	–84 Euro
– Arbeitslosenversicherung	–0 Euro
Nettorente	= 1672 Euro

... und 700 Euro Monatsgehalt

Bruttogehalt	700 Euro
– Einkommensteuer	–0 Euro
– Rentenversicherung	–0 Euro
– Krankenversicherung	–17 Euro
– Pflegeversicherung	–5 Euro
– Arbeitslosenversicherung	–0 Euro
Nettogehalt	= 678 Euro

... und 2000 Euro Monatsgehalt

Bruttogehalt	2000 Euro
– Einkommensteuer	–127 Euro
– Rentenversicherung	–0 Euro
– Krankenversicherung	–171 Euro
– Pflegeversicherung	–48 Euro
– Arbeitslosenversicherung	–0 Euro
Nettogehalt	= 1654 Euro

... und 4000 Euro Monatsgehalt

Bruttogehalt	4000 Euro
– Einkommensteuer	–636 Euro
– Rentenversicherung	–0 Euro
– Krankenversicherung	–342 Euro
– Pflegeversicherung	–96 Euro
– Arbeitslosenversicherung	–0 Euro
Nettogehalt	= 2926 Euro

Bei 2000 Euro Monatsrente und 700 Euro Zusatzgehalt fuhr Petra schon vor der Einführung der Aktivrente offenbar am besten, denn sie zahlte wegen des bis 2026 geltenden Übergangsbereichs bei niedrigen Verdiensten keine weitere Einkommensteuer und nur geringe Beiträge für Kranken- und Pflegeversicherung auf ihr Zusatzeinkommen. Von 2700 Euro Gesamteinkommen blieben ihr 2350 Euro. Ihre Abzüge beliefen sich auf nur 13 Prozent. Je höher ihr Gehalt, desto höher tendenziell die Abzüge. Verdiente sie denselben Betrag wie ihre Monatsrente brutto in einem Job dazu, dann kam sie auf 4000 Euro, von denen ihr 3326 Euro zur Verfügung standen. Auch in dieser Einkommenshöhe verharren die Abzüge noch proportional bei 13 Prozent.

Etwas komplexer verhielt es sich bis 2026 für den Fall, dass sie in einem gut bezahlten Job 4 000 Euro zur Rente hinzuverdiente und so insgesamt 6 000 Euro Monatseinkommen erzielte. Sie erhielt damals zunächst 4 598 Euro ausgezahlt – mithin 23 Prozent Abzüge. Vor allem die Progression der Einkommensteuer knabberte bei höheren Einkünften an ihrem Brutto. Allerdings zahlte sie so auch zu hohe Beiträge für die Kranken- und Pflegeversicherung. Denn: Auf das Jahr hochgerechnet kam Petra auf 24 000 Euro Rente (2 000 x 12 Monate) plus 48 000 Euro Zusatzgehalt (4 000 Euro x 12 Monate), zusammen also 72 000 Euro. Da die Beitragsbemessungsgrenze 2025 jedoch bei 66 150 Euro lag, hat sie sehr wahrscheinlich auf 5 850 Euro zu viel Sozialbeiträge entrichtet. Die Erklärung dafür lautet meist so: Weil sie weder bei der Rente noch beim Gehalt allein bereits die Beitragsbemessungsgrenze reißt, fällt dies weder der Rentenanstalt noch dem Arbeitgeber einzeln auf, und sie kalkulieren jeweils für sich die eigenen Abzüge für Petra. Diese zu viel gezahlten Beiträge sollte sie jedoch unbedingt von der Krankenkasse zurückfordern.

Guter Grund zum Durchstarten nach dem Renteneintritt

Besonders deutlich sticht der Nettovorteil für beruflich aktive Rentner im letzten Fall mit dem höheren Zusatzverdienst hervor: Hätte sich unsere gut verdienende Petra die 6 000 Euro monatlich brutto vor dem Start ihrer Regelaltersrente allein mit einem Angestelltenverhältnis erarbeitet, so hätte sie wesentlich höhere Abzüge durch Steuern und Sozialabgaben hinnehmen müssen.

Das blieb von 6000 Euro Monatsgehalt vor Renteneintritt

Bruttogehalt	6 000 Euro
– Einkommensteuer	–1121 Euro
– Rentenversicherung	–558 Euro
– Krankenversicherung	–442 Euro
– Pflegeversicherung	–119 Euro
– Arbeitslosenversicherung	–78 Euro
Nettogehalt	= 3 682 Euro

Petras Nettobezüge wären dann auf 3682 Euro zusammengeschnurrt – 916 Euro weniger als sie als Rentnerin mit gleichem Einkommen, aber gesplittet auf Rente plus Gehalt, erzielte. Ihr Plus läge übers Jahr bei fast 11000 Euro – und wahrscheinlich noch höher, da sie ja die zu viel entrichteten Abgaben für Kranken- und Pflegekasse erstattet bekäme.

Klar wird, dass sich die Kombination aus Rente plus Job bereits ohne Aktivrente in vielen Fallkonstellationen sehr deutlich rechnete. Der schon früher steuerlich gemäßigte Übergangsbereich bei Verdiensten ab Minijob-Niveau bis 2000 Euro im Monat war dafür eine wesentliche Ursache sowie die ebenfalls hier reduzierten Abgaben für Sozialversicherungen.

Die neuen Regelungen für die Aktivrente bauen diesen Vorteil für berufstätige Seniorinnen und Senioren weiter aus. Und Sie sollten prüfen, ob Sie davon profitieren können.

Neue Aktivrente: Tausende Euro Vorteil pro Jahr

Petra vergleicht nun, wie die Aktivrente im Jahr 2026 ihre Arbeitsmotivation beim Verdienst im Nebenjob steigert:

Das bleibt Petra von 1000 Euro Monatsgehalt

Bruttogehalt	1000 Euro
– Einkommensteuer	– 0 Euro
– Rentenversicherung	– 0 Euro
– Krankenversicherung	–48 Euro
– Pflegeversicherung	–14 Euro
– Arbeitslosenversicherung	–0 Euro
Nettogehalt	= 938 Euro

Das bleibt Petra von 2000 Euro Monatsgehalt

Bruttogehalt	2000 Euro
– Einkommensteuer	– 0 Euro
– Rentenversicherung	– 0 Euro
– Krankenversicherung	–169 Euro
– Pflegeversicherung	–48 Euro
– Arbeitslosenversicherung	–0 Euro
Nettogehalt	= 1783 Euro

Das bleibt Petra von 4 000 Euro Monatsgehalt

Bruttogehalt	4 000 Euro
– Einkommensteuer	– 68 Euro
– Rentenversicherung	– 0 Euro
– Krankenversicherung	–338 Euro
– Pflegeversicherung	–96 Euro
– Arbeitslosenversicherung	–0 Euro
Nettogehalt	= 3 498 Euro

Das bleibt Petra von 6 000 Euro Monatsgehalt

Bruttogehalt	6 000 Euro
– Einkommensteuer	– 562 Euro
– Rentenversicherung	– 0 Euro
– Krankenversicherung	–491 Euro
– Pflegeversicherung	–140 Euro
– Arbeitslosenversicherung	–0 Euro
Nettogehalt	= 4 807 Euro

Übers Jahr betrachtet erspart der Freibetrag der neuen Aktivrente Petra bei 2 000 Euro monatlichem Zusatzverdienst in unserem Vergleich mehr als 1 500 Euro an Steuern. Dieser steuerliche Vorteil ist bei einem niedrigeren Hinzuverdienst für Rentner zwar nicht so groß, doch dafür liegen die Sozialbeiträge hier verhältnismäßig stärker darunter. Bei 1 000 Euro aus dem Zusatzjob muss Petra lediglich 62 Euro für Kranken- und Pflegeversicherung vom Gehalt abführen. Bei einem doppelten Gehalt aus der Aktivrente würde man eigentlich zunächst auch nur den doppelten Sozialbeitrag vermuten: circa 124 Euro. In Wirklichkeit ist es aber mehr als das Dreifache (217 Euro). Der Grund liegt in einer starken Absenkung der Sozialbeiträge im sogenannten Übergangsbereich niedriger Einkommen (oft bekannt als Midi-Jobs), die bis 2 000 Euro im Monat wieder auf Normalniveau ausläuft.

Aktivrente führt zu gemäßigter Steuerlast

Je mehr Petra oberhalb der 2 000 Euro zusätzlich zu ihrer regulären Rente verdient, desto höher sind tendenziell natürlich auch wieder ihre Steuern. Allerdings greift das Finanzamt erst ab dem 2001. Euro zu, und das führt unter dem Strich zu einer eher moderaten Belastung: Bei immerhin schon 4000 Euro Monatseinkommen aus dem Rentner-Job verlangt das Finanzamt von Petra 68 Euro – mithin nicht einmal 2 Prozent vom Brutto. Und bei stattlichen 6000 Euro zusätzlich zur Rente gehen zwar 562 Euro an den Fiskus – das sind indes auch nur gut 9 Prozent.

Wer die Aktivrente nutzen kann

Nicht alle, die im Ruhestand einer Erwerbstätigkeit nachgehen, können von der Aktivrente profitieren. Vor allem Mitnahmeeffekte möchte der Gesetzgeber so vermeiden. Wir erklären, welche Voraussetzungen und Beschränkungen gelten.

Seit dem 1. Januar 2026 gilt das Gesetz zur Aktivrente. Sein wichtigster Inhalt: Für Rentner und Rentnerinnen, die neben Ihrer Rente ein Gehalt aus Erwerbstätigkeit beziehen, ist dieses Gehalt bis zu einer Höhe von 2000 Euro steuerfrei. Das bedeutet für jobbende Ruheständler mehr Netto vom Brutto. Aber: In den Genuss der Steuerfreiheit in Verbindung mit der Aktivrente gelangen Sie nur, sofern Sie einige wichtige Bedingungen erfüllen. Diese Einschränkung des Nutzerkreises hat von Anfang an für Diskussionen gesorgt und wird mit hoher Wahrscheinlichkeit auch dazu führen, dass Gerichte die Regelungen werden überprüfen müssen. Im Mittelpunkt stehen dabei Fragen der Ungleichbehandlung sowie der Diskriminierung bestimmter Personen- und Berufsgruppen, denen die Vorzüge der Aktivrente bisher verwehrt bleiben.

Der Gesetzgeber begründet die Einschränkungen mit dem Ziel, Menschen im Rentenalter zu mehr Berufstätigkeit anzureizen und so dem Fachkräftemangel aufgrund der mittlerweile dominierenden geburtenschwachen Jahrgänge im Arbeitsmarkt entgegenzuwirken. Dazu soll ein Hinzuverdienst oberhalb der Minijob-Grenze für ausgewählte Zielgruppen besonders attraktiv gestaltet werden. Mitnahmeeffekte von aktiven

Rentnerinnen und Rentnern, die heute ohnehin schon arbeiten und sich etwas hinzuverdienen, möchte man ausdrücklich vermeiden. Das Ziel ist ein neuer Beschäftigungsschub durch die Aktivrente.

Aktivrente nur für Regelrentner

Die wohl wichtigste Bedingung liefert sogleich Antworten darauf, wer ab wann die Aktivrente überhaupt nutzen kann: Man muss dafür die Regelaltersgrenze erreicht haben, also seine individuelle Grenze für den normalen Rentenbezug. Das setzt zum einen voraus, dass man überhaupt in der gesetzlichen Rentenversicherung versichert ist. Das ist der Fall, sobald man auf mindestens fünf Versicherungsjahre in der Deutschen Rentenversicherung kommt. Das schaffen viele, weil zu den fünf Jahren nicht allein Zeiten mit Beiträgen aus einer Erwerbstätigkeit zählen, sondern auch Zeiten mit Kindererziehung, Pflege von Angehörigen oder teilweise Ausbildung.

Da es im deutschen System keine Mindestrenten gibt und sich die Höhe ausschließlich nach dem individuellen Versicherungsleben richtet, spielt die Höhe der möglichen Regelrente keine Rolle, wenn man die Aktivrente in Anspruch nehmen will.

Sein reguläres Renteneintrittsalter erreicht man je nach Geburtsjahrgang früher oder später. Wer 1959 geboren wurde, darf mit 66 Jahren und zwei Monaten seine Regelaltersrente beziehen und folglich auch im Hinzuverdienst die Aktivrente wählen. Für die Jahrgänge bis 1964 steigt das reguläre Renteneintrittsalter jeweils um zwei Monate, bis ab 1964 für alle schließlich die Regelaltersgrenze 67 erreicht ist.

Als Voraussetzung reicht es also, die jeweilige Regelaltersgrenze erreicht zu haben, ein aktiver Rentenbezug ist nicht nötig. Die Aktivrente dürfen so auch alle diejenigen nutzen, die zwar ihre Regelaltersgrenze schon erreicht haben, aber noch keine Rente beantragen möchten und einfach weiterarbeiten (mehr dazu im Kapitel „Den Renteneintritt verschieben" ab Seite 46).

VORSICHT BEI GRUNDRENTE! Einkommen aus der Aktivrente kann auf den Grundrentenzuschlag, den man für besonders niedrige Renten erhält, angerechnet werden. Den vollen Grundrentenzuschlag bekommt man bis zu einem Monatseinkommen von 1492 Euro für Alleinstehende und 2327 Euro bei Eheleuten (2026). Jeder Euro darüber wird zu 60 Prozent angerechnet, ab 1909 Euro (Paare: 2744 Euro) wird jeder Euro in voller Höhe angerechnet.

Frührente, Rente und Aktivrente: Der Zeitplan

Mit 63 können Sie in der Regel frühestens eine gesetzliche Altersrente beziehen und dürfen dazu auch ohne Rentenkürzung unbegrenzt hinzu verdienen. Allerdings müssen Sie beides versteuern, sobald das Einkommen oberhalb der Freigrenzen liegt. Die Aktivrente startet ab dem regulären Renteneintritt und ermöglicht einen steuerfreien Hinzuverdienst von 2 000 Euro im Monat.

Frührente ohne Abschlag

Jahr der Geburt	Zugang zur Frührente ohne Abschlag ab Alter	Erreichbar im Zeitraum
1961	64+6 Monate	07/2025-07/2026
1962	64+8 Monate	09/2026-09/2027
1963	64+10 Monate	11/2027-11/2028
1964	65	ab 01/2029

Rente mit 63 mit Abschlägen

Jahr der Geburt	Regulärer Rentenstart	Abschlag in Prozent für Rente mit 63
1959	66+2 Monate	11.4
1960	66+4 Monate	12
1961	66+6 Monate	12.6
1962	66+8 Monate	13.2
1963	66+10 Monate	13.8
ab 1964	67	14.4

Regulärer Rentenstart und Start der Aktivrente

Jahr der Geburt	Regulärer Rentenstart und Start der Aktivrente
1959	66+2 Monate
1960	66+4 Monate
1961	66+6 Monate
1962	66+8 Monate
1963	66+10 Monate
Ab 1964	67

Frühe Rentner bleiben außen vor

Interessant ist, wer damit die Aktivrente nicht für sich und seinen Hinzuverdienst in Anspruch nehmen darf: Zuallererst sind das Frührentnerinnen und Frührentner. Sie können ja – bei entsprechenden Voraussetzungen – ihre Rente vorgezogen schon ab 63 beziehen, und viele tun dies problemlos in Kombination mit ihrer angestammten Anstellung und generieren sich so aus Frührente und Vollzeitjob einen wahren Einkommensbooster. Denn: Die Frührente dürfen sie einfach so neben dem Job kassieren und bis zu ihrer individuellen Regelaltersgrenze weiterarbeiten. Ein Kündigungsgrund darf die Frührente für den Chef nämlich keinesfalls sein (nähere Informationen dazu im Kapitel „Frührente plus Job" ab Seite 91).

Das war auch die Begründung, warum der Gesetzgeber diese Gruppe von den Vorzügen der Aktivrente ausdrücklich ausgenommen hat. Man ist der Meinung, dass Frührentnerinnen und Frührentner mit ihrem parallel bezogenen Gehalt bereits so viele Vorzüge genießen, dass ein weiterer Bonus nicht notwendig sei, um unter ihnen mehr berufliche Aktivität zu entfachen. Unsere Berechnungen stützen diese Auffassung vielfach. Außerdem wollte man die Frührente nicht noch populärer machen, als sie ohnehin schon ist. Mit Erreichen ihrer jeweiligen Regelaltersgrenze steht Frührentnerinnen und Frührentnern die Aktivrente ohnehin offen. Dasselbe gilt auch für Jüngere, die die Aktivrente ebenso ab ihrem Regelalter wählen können.

Ohne Selbstständige

Selbstständige, Freiberufler, andere Gewerbetreibende sowie Land- und Forstwirtschaftler sind ausdrücklich von den Vorteilen der Aktivrente ausgenommen. Die wesentliche Voraussetzung lautet nämlich „unselbstständige Arbeit" und „abhängige Beschäftigung". Es sind also ausschließlich Personen im regulären Rentenalter angesprochen, die in ihrem zusätzlichen Job einer angestellten Tätigkeit nachgehen. Hier rechnet der Gesetzgeber mit dem größten Potenzial an möglichen Aktivrentnern, und deshalb hat er den Zugang auch auf diese Zielgruppe beschränkt. Selbstständige sind bereits heute auch jenseits aller Rentengrenzen besonders häufig beruflich aktiv, deshalb gelten sie gemeinhin als kaum zusätzlich förderbedürftig. Natürlich benachteiligt man so nicht nur solche Personen, die auch schon vor ihrer Regelaltersgrenze selbstständig gearbeitet haben, sondern ebenso all diejenigen, die zuvor etwa als Angestellte tätig waren und sich für den Ruhestand endlich aus diesen Zwängen befreien wollen, indem sie in die Selbstständigkeit starten. Selbstständigen den Zugang zur Aktivrente zu verweigern, könnte sich auch als Bumerang erweisen und das Ziel, den Fachkräftemangel zu lindern, konterkarieren. Vor allem in Handwerksberufen ist es schwer vorstellbar, dass sich ausgerechnet ehemalige selbstständige Chefs ab ihrem Regelrentenalter (wieder) anstellen lassen, nur um den Anforderungen der Aktivrente Genüge zu tun. Ob diese Einschränkung für Selbstständige, Freiberufler und andere Gewerbetreibende so auf Dauer erhalten bleiben kann, bleibt somit abzuwarten.

Nicht für Beamte

Beamtinnen und Beamte und andere Empfänger von Versorgungsbezügen sollen ebenso nicht von der Aktivrente erfasst werden. Zum einen hängt dies mit der Tatsache zusammen, dass sie vielfach nicht in die gesetzliche Deutsche Rentenversicherung eingezahlt haben. Die Frage, welche der sonstigen Altersbezüge der gesetzlichen Rentenversicherung eventuell vergleichbar seien, führte in monatelangen Diskussionen doch nur in die Irre. Auf klare Vergleichsmaßstäbe konnte man sich überdies nicht einigen. Zum anderen gelten für Beamte und andere Empfänger von Versorgungsbezügen zum Teil erheblich abweichende Eintrittszeitpunkte in den Ruhestand beziehungsweise für den erstmaligen Bezug ihrer Altersversorgung. Dies würde eine erhebliche Komplexität bei der praktischen Umsetzung der Aktivrente mit sich bringen und womöglich zu neuen Ungleichheiten führen.

Unklar ist, ob ehemalige Beamte, die im Laufe ihres Berufslebens in die freie Wirtschaft wechselten und dann vor Erreichen der Regelaltersgrenze die Voraussetzungen in der gesetzlichen Rentenversicherung erfüllen konnten, gleichermaßen die Vorteile der Aktivrente für einen Job im Alter beanspruchen dürfen (Stand: Januar 2026). Es würde dann keine Rolle mehr spielen, dass sie womöglich weitere Altersbezüge in Form einer Pension beziehen.

Aktivrente und Abgaben

Für die steuerliche Beurteilung der Aktivrente spielen zwei Aspekte eine Rolle: die absolute Höhe der Steuerersparnis sowie die Auswirkungen auf die Steuerprogression mit steigenden Steuersätzen.

Die gute Nachricht gleich vorab: Steuerlich betrachtet rentiert sich die Aktivrente in den meisten Fällen. Aber: Es gibt entscheidende Unterschiede im Hinblick auf weitere Einkünfte. Ein zweiter Blick lohnt sich. Wer die Voraussetzungen für die Aktivrente mitbringt, muss für seine Einnahmen aus einem zusätzlichen Job zur Rente (im Sinne von Paragraph 8 Abs. 1 Einkommensteuergesetz) aufgrund einer speziellen Steuerbefreiung in Höhe von bis zu 2000 Euro monatlich (24000 Euro im Jahr) keine Einkommensteuer entrichten. Die Werte beziehen sich jeweils auf Bruttoeinnahmen. Alle darüber hinaus gehenden Einnahmen sind dann wieder nach den allgemeinen Finanzregeln steuerpflichtig. Gleichwohl bleibt der steuerliche Grundfreibetrag auch für Aktivrentner bestehen: also 12348 Euro im Jahr 2026 für Alleinstehende (für Paare das Doppelte). Die besondere Steuerbefreiung für Aktivrentner wirkt somit zusätzlich. Im Ergebnis können Sie also jeden Monat 3029 Euro aus nichtselbstständiger Arbeit, also aus einem Angestelltenverhältnis, einkommensteuerfrei für sich verbuchen:

Steuerfrei pro Monat 2026:

Grundfreibetrag 12348 Euro : 12 Monate	= 1029 Euro
Steuerfreiheit durch Aktivrente	+ 2000 Euro
Gesamt steuerfrei pro Monat	= 3029 Euro

Bei der Aufteilung der steuerfreien 3029 Euro monatlich ist man an die Grenze der Aktivrente gebunden: Nur wer 2000 Euro verdient, kann auch maximal 3029 Euro ohne Finanzamtbeteiligung geltend machen. Liegt der Verdienst aus dem Zusatzjob etwas niedriger, beispielsweise bei

1500 Euro, dann kann man auch nur 2529 Euro steuerfrei kassieren (1029 Euro steuerfreie Grundpauschale + 1500 Euro steuerfrei für die Aktivrente).

Einen Wermutstropfen gibt es dabei: Auch Ihr Rentenbezug wirkt auf den Grundfreibetrag. Entscheidend ist für die Steuer das „zu versteuernde Jahreseinkommen" – also das, was unter Berücksichtigung aller Abzugsposten und Freibeträge übrig bleibt. Wie viel Rente Sie beziehen können, ohne dass Steuerabzüge fällig werden, variiert von Jahr zu Jahr. Wer zum Beispiel 2024 in Rente gegangen ist, konnte 2025 bis zu rund 1460 Euro Monatsrente steuerfrei kassieren. Für ältere Jahrgänge ist der Wert noch deutlich höher. Liegt Ihre Rente darunter, so könnten Sie damit auch Ihr Einkommen aus der Aktivrente steuerbegünstigt entsprechend hinaufsetzen. Aber: Die theoretisch möglichen weiteren 500 Euro steuerfrei zusätzlich aus der Aktivrente bis zum Maximalwert von 2000 Euro lassen sich nicht auf die anderen Einkommensarten verteilen.

Wann Sie mit der Aktivrente starten, bleibt Ihnen überlassen. Sie gilt zwar immer erst im Monat nach Erreichen Ihres individuellen Regelrentenalters, aber Sie müssen nicht exakt ab diesem Datum mit dem steuerfreien Verdienst starten. Eine Pause mit einem „echten" Ruhestand ist selbstverständlich ebenso erlaubt wie Aussetzer (etwa: ein Jahr mit Aktivrente hinzuverdienen, ein Jahr Pause, ein Jahr mit Aktivrente ...).

FREIBETRAG MIT FIRMA KLÄREN. Vor allem zu Beginn der Aktivrente im Jahr 2026 wird es bei der Abrechnung mit dem Chef oft holprig zugehen. Es ist gut möglich, dass er Ihnen zunächst noch die volle Steuer für den Aktivrenten-Job abzieht und Sie sich diese über die Steuererklärung im folgenden Jahr zurückholen müssen. Eigentlich soll der neue Freibetrag direkt mit dem Arbeitgeber über die Lohnsteuerabzugsmerkmale (ELSTAM) abgewickelt werden.

Für alle Rentnerinnen und Rentner, die zum Beispiel mehrere Jobs oberhalb der Minijobgrenze ausüben, gilt der Freibetrag in der Steuerklasse VI nur dann, wenn sie gegenüber dem Arbeitgeber schriftlich bestätigt haben, dass sie den Aktivrentenvorteil nicht bereits in einem anderen Beschäftigungsverhältnis wahrnehmen lassen.

Witwenrente kann angerechnet werden

Auch für Bezieher von Witwen- und Witwerrenten ist ein Zuverdienst über die Aktivrente möglich, aber nicht unbegrenzt. Aktuell gilt für Witwen und

Witwer ein Freibetrag von etwa 1077 Euro im Monat, gegebenenfalls plus Kinderzuschlag. Ist Ihr Einkommen – etwa aus Berufstätigkeit oder eigener Altersrente – höher als der Freibetrag, dann wird die Witwenrente anteilig gekürzt.

Steuervergleich: vor und nach der Aktivrente

Um die maximale Entlastung durch die Aktivrente einschätzen zu können, müssen wir die Vergleichswerte mit und ohne den Steuerbonus ansehen: Wir betrachten den Musterrentner Hans. Er ist 1958 geboren, also 67 Jahre jung. Das Einkommen aus seinem Zusatzjob neben der Regelrente musste er in der besonders ungünstigen Steuerklasse VI versteuern, weil er noch eine kleine Betriebsrente erhält. Er ist kinderlos, Single, wohnt in Baden-Württemberg, zahlt keine Kirchensteuer und keine Beiträge mehr für Arbeitslosen- und Rentenversicherung. Er zahlt den ermäßigten Durchschnittsbeitrag zur Krankenversicherung sowie durchschnittliche Beiträge zur gesetzlichen Pflegeversicherung.

Im Ergebnis kann Hans mit der Aktivrente seit 2026 bis zu 406 Euro mehr auf seinem Konto verbuchen, als wenn er im Jahr vor deren Einführung den vollen Steuerabzug zu tragen gehabt hätte (vgl. Seite 85).

Ohne den Aktivrentnerbonus sähe es anders aus: Ab einem Verdienst knapp oberhalb der Minijobgrenze bei 700 Euro – das entspricht der alten Gleitzone der Midijobs – steigt die zu entrichtende Steuer stark an. Hans hätte in den niedrigeren Gehaltsregionen etwas über 11 Prozent Steuern zu zahlen: 78 Euro bei 700 Euro Gehalt, 115 Euro bei 1000 Euro Gehalt, 140 Euro bei 1200 Euro Gehalt. Bei 1400 Euro Gehalt beträgt die Steuer bereits 177 Euro, bei 1600 Euro werden 255 Euro Steuer fällig. Verdient Hans 1800 Euro, zahlt er 330 Euro Steuer, und bei 2000 Euro Monatsverdienst gingen gut 20 Prozent Steuern (406 Euro) ab. Auf das Jahr gerechnet hätte Hans dank der Aktivrenten-Regelung so nach Steuern 4872 Euro mehr übrig.

Vorteil gegenüber Angestellten kann sehr hoch sein

Im Vergleich zu Angestellten, die den neuen Vorteil nicht nutzen können, fällt die steuerliche Ersparnis geringer aus. Sie müssen 2026 knapp 90 Euro Lohnsteuer für 2000 Euro Bruttoverdienst zahlen, wenn sie in Steuerklasse I sind und in Steuerklasse V schon 298 Euro. Aktivrentnern bleibt das erspart. Ihre tatsächliche Ersparnis kann sogar höher ausfallen, wie sich mit der Steuererklärung dann zeigt: Die 67-jährige Margit ist 2025 in den Ruhestand gegangen und erhält 2026 brutto 18000 Euro Altersrente. Nach Abzug der ihr sicher zustehenden Steuerfreibeträge und Pauschalen ergibt sich für sie – ohne Job – ein zu versteuerndes Einkommen von 12561 Euro. Dafür muss sie 30 Euro Steuern zahlen. Bei dieser Jahressteuer bleibt es dank der Aktivrente selbst dann, wenn Margit 2026 jeden Monat 2000 Euro brutto dazuverdient.

Hätte sie dagegen keinen Anspruch auf den Steuervorteil für Aktivrentner, würden die 24000 Euro Verdienst ihr zu versteuerndes Einkommen und ihre Steuerlast deutlich erhöhen. Margit kann zwar als Angestellte Werbungskosten absetzen und andere Ermäßigungen wie den Altersentlastungsbetrag nutzen. Doch trotz aller sicher vom Finanzamt anerkannten Posten ergäbe sich für sie aus Rente und Job ein zu versteuerndes Einkommen in Höhe von 32062 Euro. Dafür müsste sie 4805 Euro Steuer berappen – rund 4775 Euro mehr.

Sogar 3000 Euro im Monat steuerfrei? Ja, das geht!

Erzielen Sie als Aktivrentnerin oder Aktivrentner mehr als 2000 Euro brutto im Monat, dann zahlen Sie Sozialabgaben für Ihren gesamten Verdienst. Ob zusätzlich Lohnsteuer abgezogen wird, hängt vom Monatsbrutto und von Ihrer Steuerklasse ab. Kommen Sie zum Beispiel brutto auf 3000 Euro, werden Ihnen davon in Steuerklasse V knapp 72 Euro Lohnsteuer abgezogen, in Steuerklasse I wären es hingegen Null Euro.

Dieser 3000-Euro-Effekt erklärt sich folgendermaßen: Neben dem neuen 2000-Euro-Freibetrag fließen in den Lohnsteuerabzug einige weitere Entlastungen ein, die Ihnen sicher zustehen. Sind Sie etwa in Steuerklasse 1, gehören dazu der jährliche Grundfreibetrag (2026: 12348 Euro), der Arbeitnehmerpauschbetrag (1230 Euro), die Sonderausgabenpauschale (36 Euro) und eine individuelle Vorsorgepauschale für die von Ihnen gezahlten Versicherungsbeiträge. Da Sie älter als 64 sind, profitieren Sie zudem von einer weiteren Ermäßigung: dem Altersentlastungsbetrag. All das sorgt dafür, dass Sie je nach Steuerklasse zum Beispiel ein Monatsbrutto von 3000 Euro ohne den Abzug von Lohnsteuer erhalten können.

Planen Sie trotzdem unbedingt ein, dass bei einem Monatsverdienst in dieser Höhe eine kräftige Steuernachzahlung durchaus fällig werden kann. Denn: Wenn Sie Ihre Steuererklärung ausfüllen, fließen alle Einkünfte zusammen, also zum Beispiel Ihre Renteneinkünfte und der steuerpflichtige Teil Ihres Verdienstes. Daraus ermittelt das Finanzamt das gesamte zu versteuernde Einkommen. Liegt es im Jahr 2026 über 12348 Euro, müssen Sie Steuern zahlen. Davor bewahrt Sie auch keine Aktivrente.

Sozialabgaben: Vorsicht, Wechselwirkungen!

Steuerfrei bleibt der Zuverdienst mit der Aktivrente bis zur Grenze von 2000 Euro. Aber netto kann unser Musterrentner Hans sein Gehalt trotzdem nicht kassieren: In den allermeisten Fällen werden davon Sozialbeiträge abgezogen. Diese Regelung gilt für alle gesetzlich versicherten Rentner und Rentnerinnen – unabhängig davon, ob sie in der Krankenversicherung der Rentner (KvdR) oder als freiwillig versichert eingestuft sind.

Privatversicherte zahlen hingegen individuelle Beiträge, die sich an ihrem Risiko, aber nicht an ihrem Verdienst orientieren. Es kann also vorkommen, dass privatversicherte Aktivrentnerinnen die 2000 Euro monatlich tatsächlich brutto für netto vereinnahmen dürfen und keine zusätzlichen Beiträge für Pflege- und Krankenversicherung zu entrichten haben.

Bei gesetzlich Versicherten wäre dies nur dann der Fall, falls sie mit anderen Einkünften bereits oberhalb der Beitragsbemessungsgrenze für die Kranken- und Pflegeversicherung liegen sollten (2026: 5812 Euro monatlich, 69750 Euro im Jahr). Für Einnahmen darüber hinaus sind keine solchen Beiträge abzuführen. Einkünfte aus einer Aktivrente können dann selbstverständlich auch dazu gehören.

Für die Mehrheit der Aktivrentnerinnen und Aktivrentner mit niedrigeren Einkünften wird dies allerdings kaum eine Rolle spielen. Für sie greift immerhin eine Erleichterung: Da wir uns in der Spanne zwischen Minijob (603 Euro im Monat) und dem Grenzwert für die Aktivrente in Höhe von maximal 2000 Euro in der sogenannten Gleitzone befinden, sind für diese Einkünfte auch nur ermäßigte Sozialbeiträge zu entrichten. Das war auch früher schon so im Rahmen der Midijobregelungen und gilt nun ebenfalls für die neue Aktivrente. Damit möchte der Gesetzgeber den Übergang von Minijobs in eine oft höherwertige und vielleicht später noch besser bezahlte Beschäftigung fördern.

Der Gleitzonenvorteil bezieht sich auf sämtliche Sozialversicherungen, also inklusive Arbeitslosen- und Rentenversicherung. Da als Voraussetzung für die Aktivrente ja das Erreichen der Regelaltersgrenze gilt, sind zunächst einmal wie für andere Jobs im Regelrentenalter auch keine Beiträge mehr für Arbeitslosenversicherung und Rentenversicherung abzuführen (zu den Vorteilen von freiwilligen Abgaben siehe „Sozialabgaben nach der Regelaltersgrenze", Seite 41). Es bleibt mithin bei den Abgaben an die gesetzlichen Kranken- und Pflegekassen.

Zu beobachten ist, dass auch hier der Gleitzonenvorteil stark abnimmt, sobald man sich der 2000-Euro-Schwelle nähert. Wer 700 Euro hinzuverdiente, kam 2025 mit nicht einmal drei Prozent Sozialbeitrag davon. Bei 2000 Euro maximalem Aktivrentenverdienst waren hingegen schon gut zehn Prozent zu entrichten, also die volle Summe an Sozialbeiträgen.

Wer profitiert von der Aktivrente?

Natürlich sind grundsätzlich alle Ruheständler im Vorteil, die mit der Aktivrente Steuern sparen können. Manchen Zielgruppen unter den Rentnerinnen und Rentnern dürften die neuen Freiheiten jedoch besonders viel bringen.

Dass die Aktivrente nicht jede und jeden glücklich machen würde, war schnell klar. Dazu musste das Konzept mit seinen einkalkulierten Ausschlüssen von gewissen Berufsgruppen, Personen und Einkommensarten geradezu zwangsläufig bei zahlreichen Bürgern anecken. Dabei sind künftige Anpassungen und Änderungen überhaupt nicht ausgeschlossen. Für einige Gruppen hat die Einführung der Aktivrente aber unbestreitbare Vorteile:

Längerarbeiter. Die unkomplizierteste Lösung für eine Erwerbstätigkeit in der Regelaltersrente bleibt es ja, einfach über diese reguläre Altersgrenze hinaus im angestammten Job und im angestammten Unternehmen zu bleiben. Zu den ohnehin reduzierten Abgaben gesellt sich dann noch für 2000 Euro vom Gehalt der Steuerrabatt der Aktivrente hinzu. Den nehmen wir gerne mit.

Ehrgeizige Minijobber. 603 Euro im Monat steuer- und sozialabgabenfrei und das bis zu 14-mal im Jahr sind schon okay, aber allenfalls nur ein Einstieg. Darüber hinaus zu verdienen lohnte sich wegen der Steuern und Sozialabzüge bislang häufig gar nicht – die sogenannte Minijobfalle.

Erläuterungen siehe Seite 152

Der Vorteil für Aktivrentner

Das lohnt sich: In unserem Musterfall eines Regelrentners liegt der Vorteil bei 406 Euro jeden Monat, wenn er die neue Aktivrenten-Regelung für sich in Anspruch nimmt. Während der Steuerfreibetrag eine verlässliche Konstante darstellt, können sich die Abzüge für Kranken- und Pflegeversicherung von Jahr zu Jahr jeweils stärker ändern.

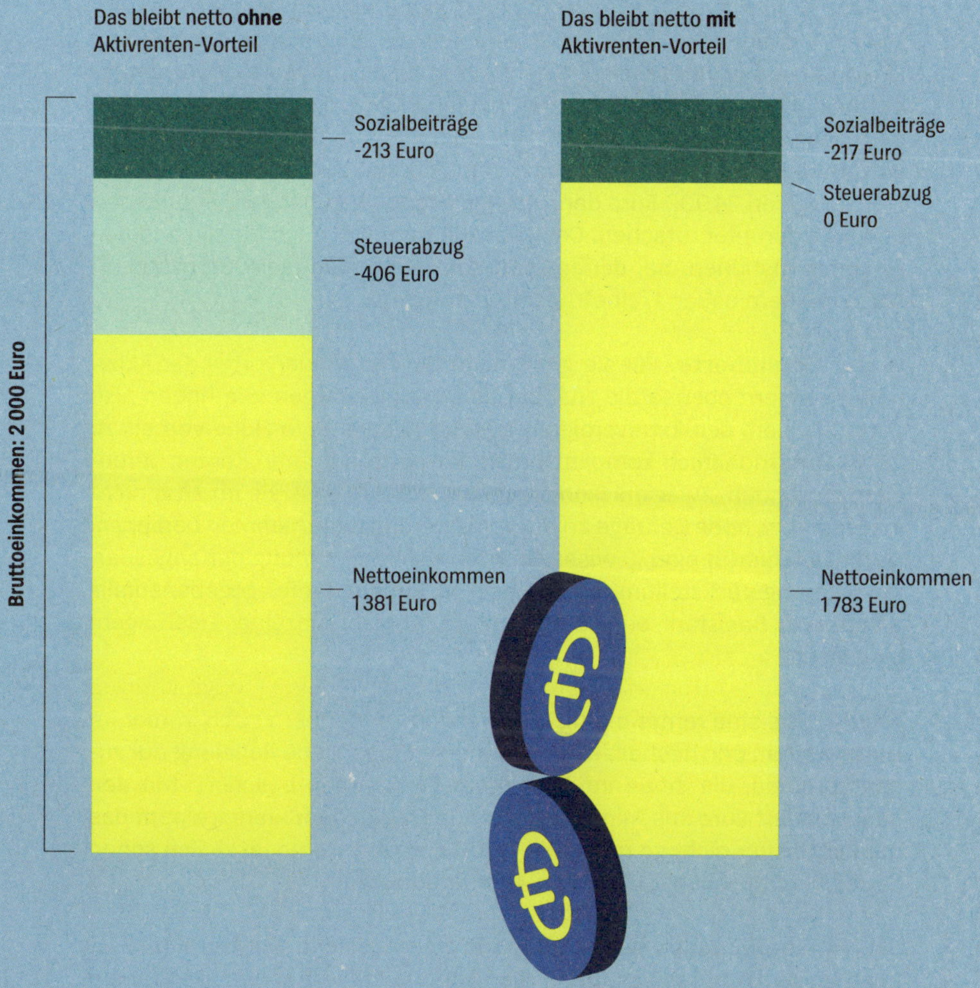

Mit der Aktivrente lassen sich jetzt auch höherwertigere Jobs mit mehr Verantwortung und bis zu 2000 Euro monatlich in Betracht ziehen. Reduzierte Sozialbeiträge fallen dann zwar an, aber für Rentner entfallen ja Arbeitslosen- und Rentenversicherung. Und der Verdienst bleibt immerhin steuerfrei.

Höherverdiener. Wer rechnen kann, ist klar im Vorteil. Der Grund: der neue Freibetrag für Einkommen durch die Aktivrente von 24000 Euro. Er kommt ja zum Grundfreibetrag hinzu. Das Kuriose an unserem Steuersystem besteht dann darin, dass derjenige, der aufgrund seines höheren Einkommens im Rentenalter eigentlich in einem höheren Grenzsteuersatz von 42 oder bis zu 45 Prozent landen würde, auch am meisten von dem neuen Freibetrag profitiert. Wer auch als Ruheständler mit seinem Einkommen den Spitzensteuersatz zahlt, könnte durch den Aktivrenten-Freibetrag von 24000 Euro dann gerade wieder in günstigere Steuersatzregionen darunter rutschen. Dasselbe gilt natürlich auch für alle anderen Einkommenshöhen, bei denen man so andere niedrigere Grenzsteuersätze mit dem neuen Freibetrag unterschreitet.

Privat Versicherte. Für sie greift nicht nur der Steuervorteil der Aktivrente, sondern ebenso die Null bei den Sozialbeiträgen. Sie haben also gute Chancen, den Extraverdienst aus der Aktivrente in Höhe von bis zu 2000 Euro monatlich komplett brutto für netto auf ihren Konten verbuchen zu können. Zwar müssen sie darauf achten, dass sie im Alter nicht insgesamt zu hohe Beiträge an die Versicherungsunternehmen berappen, doch auch hierfür sind gewisse Grenzen (wie Anrechnung der angesparten Alterungsrückstellungen, Wechsel in andere Tarife, gegebenenfalls Wechsel in Basistarif oder Standardtarif, Abwahl einzelner Leistungen) eingebaut.

Frauen. Sie sind rentenmäßig im Vergleich zu Männern noch immer im Hintertreffen, und deshalb kann besonders Frauen jede Regelung nur zupasskommen, die ihnen im Alter mehr Einkommen beschert. Mit den paar Hundert Euro aus Minijobs, in denen Frauen dominieren, klappt das nämlich bisher nicht so recht. Mit 2000 Euro Aktivrente lässt sich schon deutlich mehr Lebensqualität im Alter finanzieren.

Die Jüngeren. Leute, was ist das für eine Aussicht: Mit der Rente ist noch lange nicht Schluss, denn man kann ja steuerfrei hinzuverdienen! Und nicht mehr Kleckerbeträge wie in Minijobs, sondern ganz ordentlich bis zu 2000 Euro. Vielleicht steigt diese Grenze über die Jahre sogar noch. Was immer Regierungen mit dem Rentensystem anstellen, man kann nun sehr effektiv etwas gegen zu wenige Euros auf seinem Rentnerkonto unternehmen.

Weiter in die Rentenkasse einzahlen kann sich lohnen

Ein großer Vorteil für jobbende Rentner scheinen die niedrigeren Sozialbeiträge zu sein. Doch freiwillige Rentenversicherungsbeiträge können sich auszahlen – wenn Sie lange leben.

Sobald Sie eine volle Altersrente ab Ihrem regulären Renteneintrittsalter kassieren, müssen Sie für ein zusätzliches Einkommen aus einer Beschäftigung keine Beiträge mehr in die Rentenkasse entrichten. Das gilt für alle Arten von Jobs, die womöglich in anderen Sozialbereichen trotzdem beitragspflichtig sind, wie auch für Minijobs. Ihr Arbeitgeber muss allerdings trotzdem seinen Anteil von Ihrem Bruttolohn an die Rentenkasse überweisen. Vom normalen Beitragssatz in Höhe von 18,6 Prozent muss er 9,3 Prozent abführen, bei Minijobbern sogar 15 Prozent. Das Manko ist: Sie und Ihr Rentenkonto können davon nicht profitieren. Kein Cent landet davon für Sie persönlich in der staatlichen Altersvorsorge. Sie haben aber die Möglichkeit, selbst mit Ihrem Zusatzjob in die Rentenversicherung einzuzahlen – ein oftmals recht gutes Geschäft.

So funktioniert das Opting-In

Sie können die ohnehin abgeführten Beiträge zur Rentenversicherung Ihres Arbeitgebers nur dann für sich nutzen, wenn Sie ebenfalls für Ihren Zusatzjob Rentenversicherungsbeiträge entrichten. Dazu müssen Sie sich von der sogenannten Rentenversicherungsfreiheit, die normalerweise mit Rentenbeginn in Kraft tritt, wieder befreien lassen – ein sogenanntes Opting-In. Das funktioniert dann so:

Verzicht erklären. Ihr freiwilliger Verzicht auf die Rentenversicherungsfreiheit muss gegenüber dem Arbeitgeber erklärt werden. Hierzu reicht ein formloses Schreiben. Verweisen Sie auf Paragraf 5 Absatz 4 Satz 2 bzw. Paragraf 230 Abs. 9 SGB VI. Danach dürfen die betroffenen arbeitenden Ruheständler „durch schriftliche Erklärung gegenüber dem Arbeitgeber auf die Versicherungsfreiheit verzichten". Mit der Deutschen Rentenversicherung brauchen Sie dafür nicht eigens in Kontakt zu treten, das übernimmt ja dann Ihr Arbeitgeber.

Wirkung beachten. Sobald Sie erklären, wieder oder noch Beiträge an die Rentenkasse abführen zu wollen, ist Ihr Verzicht auf die Rentenversicherungsfreiheit bindend, und zwar für die gesamte Dauer der Beschäftigung. Wenn Ihr Vertrag über die Regelaltersgrenze hinaus also unbefristet ist, dann läuft auch Ihr Verzicht auf die Rentenversicherungsfreiheit unbefristet. Sollten Sie es sich doch anders überlegen und keine Beiträge mehr zahlen wollen, so müssten Sie mit Ihrem Arbeitgeber den alten Vertrag aufheben und gegebenenfalls einen neuen Vertrag ohne Rentenbeitragszahlung für Sie neu abschließen. Sie können diese Erklärung zum Verzicht übrigens irgendwann im Laufe der Tätigkeit abgeben. Sie gilt ab dem Zeitpunkt jedoch nicht rückwirkend, sondern ausschließlich für die Zukunft.

Aufbewahrung ermitteln. Der Arbeitgeber muss Ihre Erklärung in seinen Entgeltunterlagen beziehungsweise den Personalunterlagen aufbewahren. Dies kann wichtig sein, falls Sie die Erklärung bereits vorausschauend vor dem Renteneintritt abgegeben haben und sich nicht mehr daran erinnern, oder falls Sie den Arbeitgeber wechseln und darauf zurückgreifen möchten.

Doppeleffekt durch Einzahlung

Sobald Sie auch Rentenbeiträge auf Ihr Zusatzeinkommen entrichten, erhöhen diese Zahlungen jeweils ab Juli des Folgejahres Ihre Rente. Weil Sie die Regelaltersgrenze ja schon erreicht haben, brauchen Sie nicht länger auf einen späteren Zeitpunkt zu warten. Besonders schön für Sie: Jetzt greift ein Extrabonus. Für die Rente, die sich aus Ihren weiter zusätzlich gezahlten Beiträgen ergibt, kassieren Sie von der Rentenversicherung einen Zuschlag in Höhe von 0,5 Prozent pro Monat zwischen dem Zeitpunkt, zu dem Sie ihr reguläres Rentenalter erreichen, und dem Start der höheren Rente. Der Effekt ist durchaus ansehnlich:

Unser Beispielfall Markus erreichte seine Regelaltersgrenze im Dezember 2024 und verdient neben der Rente im Jahr 2025 noch ein monatliches Gehalt in Höhe von 2000 Euro. Sein Chef und er zahlen für die Rentenversicherung jeweils 186 Euro monatlich ein. Das mag zunächst vergleichsweise hoch erscheinen, doch relativiert sich dieser Betrag bei genauerer Betrachtung. Ab 1. Juli 2026 würde das seine Monatsrente nämlich um rund 23 Euro steigern (Werte Stand 2. Halbjahr 2025). Er wendet also ein Jahr lang monatlich 186 Euro auf (12 Monate x 186 Euro = 2 232 Euro) und erhält dafür lebenslang 23 Euro Rentenbonus. Nach acht Jahren Rentenbezug hat er so gesehen diese Zahlung wieder heraus (2 232 Euro : 23 Euro als Monatszahlung = 97 Monate : 12 = 8 Jahre).

Für unseren Beispielfall Monika läuft es sogar noch besser: Sie verdient sich neben ihrem regulären Ruhegeld im Jahr 2025 durch einen Minijob monatlich 556 Euro hinzu. Ihre Regelaltersgrenze erreichte sie im Dezember 2024. Sie wählt den Verzicht auf die Rentenversicherungsfreiheit und entrichtet wie ihre Chefin allmonatlich zusätzlich selbst Beiträge an die gesetzliche Rentenkasse in Höhe von rund 20 Euro. Im Ergebnis könnte sie sich ab 1. Juli 2026 über eine um rund 6 Euro höhere Rente monatlich freuen. Schon nach drei Jahren und vier Monaten hätte Sie Ihre damalige Einzahlung wieder heraus.

Steuergeschenk mitnehmen

Einen Steuerbonus können Einzahler ebenfalls häufig einkalkulieren. Einerseits steigern sämtliche Erhöhungen von Rente und Gehalt tendenziell auch im Alter die Steuerlast, andererseits lässt sich in der Kombi aus Rente und Gehalt aber auch mehr absetzen. Und das funktioniert bei unserem Musterfall Markus so: Zwar werden ihm von seinem Gehalt zunächst 186 Euro für die Rentenkasse abgezogen, seine tatsächliche Gehaltseinbuße dürfte aber geringer ausfallen, weil die 186 Euro Rentenbeitrag als Altersvorsorgeaufwendungen wiederum seine Steuerlast reduzieren. Diese Art Vorsorge fördert der Staat selbst im höchsten Alter. Nehmen wir an, dass seine Steuerersparnis gemäß seiner Steuerlast etwa 35 Prozent von 186 Euro beträgt. Dann schmilzt seine Rentenbeitragsbelastung von 186 Euro auf nurmehr 120 Euro ab. Eine Rentenbeitragszahlung über ein Jahr kostete ihn dann unterm Strich lediglich noch 1440 Euro statt 2232 Euro. Mit seiner Renteneinzahlung wäre er folglich bereits nach etwas mehr als 5 Jahren im Plus.

Außerdem freuen sich Markus und Monika über die wahrscheinlichen Rentensteigerungen, die auch ihre zusätzlichen 23 beziehungsweise 6 Euro betreffen. Je älter beide werden, desto höher ist die zusätzliche Rente, und desto kürzer ist die Zeitspanne des Rentenbezugs, ab der sich die höheren Beiträge pro Jahr finanziell gelohnt haben werden. Allerdings sinkt die Zeitspanne langsamer als die Restlebenserwartung.

Freiwillige Einzahlung abwägen

Wie Sie sehen, stehen Ihnen bereits jetzt als Regelaltersrentnerin oder Regelaltersrentner viele Möglichkeiten in der Gestaltung eines Zusatzeinkommens durch einen Job offen. Die recht klaren Freiheiten der neuen Aktivrente können dafür die Inspiration liefern. Neben Ihrer Wahl beim staatlichen Ruhegeld als Vollrente oder Teilrente sollten Sie die Folgen bei den Sozialbeiträgen im Auge behalten. Bei den Beiträgen zur Kranken- und Pflegeversicherung können Sie als gesetzlich Versicherte durch die Wahl Ihrer Krankenkassen etwas an der Beitragsschraube drehen. Der größte Posten sind jedoch die Beiträge zur Rentenversicherung selber. Natürlich freut sich beinahe jeder oder jede, wenn man sich im Alter diese 9,3 Prozent Anteil sparen und als zusätzliches Netto auf sein Gehalt draufschlagen kann. Andererseits könnten Ihnen mit dem Verzicht auf eigene Renteneinzahlungen ein paar leicht verdiente zusätzliche Euros bei der Rente durch die Lappen gehen. Diese rentieren sich niemals sofort, indes nach ein paar Jahren schon. Das zeigen unsere Musterrechnungen immer wieder. Es bleibt somit Ihre Abwägung, ob Sie lieber die Euros rasch verfügbar haben möchten oder doch noch in Ihre Zukunft und in ein – hoffentlich – langes Leben als Rentnerin oder Rentner investieren möchten.

06

Frührente plus Job

Früher in Rente – mit und ohne Abschlag

Wer kann, sollte seine Berufstätigkeit mit einem vorgezogenen Rentenstart kombinieren. Das bringt in den meisten von uns untersuchten Fällen den größten Einkommensgewinn. Welche Art von Frührente Sie wählen, spielt dabei eine große Rolle.

Die Babyboomer, also die geburtenstarken Jahrgänge der 1950er und 60er Jahre, drängen aktuell in großen Zahlen nach und nach in Rente. Und das so früh wie möglich: Rund 70 Prozent von ihnen möchten nicht bis zu ihrem regulären Rentenalter arbeiten, das ja schrittweise auf 67 Jahre steigt.

Das müssen sie oft auch nicht, denn noch stehen grundsätzlich mehrere Optionen von Frührenten allen Versicherten des deutschen Rentensystems offen – und das gilt keineswegs nur für die Babyboomer. Je nach Alter und geleisteter Versicherungszeit bleiben die Alternativen zur Regelrente allerdings mit mehr oder weniger großen Renteneinbußen verbunden. Der Abschied dieser großen Anzahl von Arbeitskräften stellt momentan auch Unternehmen vor Herausforderungen. Die Bundesregierung setzt daher auf die neue Aktivrente, bei der Rentnerinnen und Rentner, die über ihr reguläres Rentenalter hinaus arbeiten, Teile ihres Gehalts steuerfrei ausgezahlt bekommen (mehr dazu im Kapitel „Aktivrente: Regelaltersrente plus Job", Seite 62). Das klingt gut, schließt jedoch Frührentnerinnen und -rentner aus. Diese müssen dennoch nicht untätig bleiben und können sehr wohl Job und Rente auf andere Arten gewinnbringend für sich verbinden.

Für Menschen, die früher in Rente gehen wollen, garnierte der Gesetzgeber bereits in den vergangenen Jahren eine mögliche Weiterarbeit mit Anreizen: Die Hinzuverdienstgrenze bei einer vorgezogenen Altersrente ist seit 2023 gestrichen. Zahlreiche Ruheständler dürfen seither ab 63 eine Rente beantragen, aber trotzdem noch in ihrem Job ein volles Gehalt beziehen. Das kann sich richtig lohnen, wie unsere Berechnungen zeigen.

Frühere Rente finanziell attraktiv

Für eine Gruppe rentiert sich die frühere Rente immer: Wer 45 Jahre gearbeitet, Angehörige gepflegt oder Kinder erzogen hat, darf ohne Rentenkürzungen zwei Jahre vor seinem regulären Eintrittsalter in Rente gehen.

Aber selbst wer mit einem gewissen Abschlag früher in Rente geht, erhält eben auch deutlich früher – und damit länger – Rentenzahlungen aufs Konto. Unsere Kalkulationen zeigen: Erst nach mehr als 14 Jahren mit einer etwas geringeren Frührente übersteigt das Einkommen aus einer „normalen" ungekürzten Rente die addierten Rentenzahlungen bei einem vorgezogenen Renteneintritt mit Abschlag. Für Frührentner mit oder ohne Job bleibt außerdem noch die Möglichkeit, ihre Rente über freiwillige Einzahlungen weiter aufzubessern: Entweder, indem sie mit Ausgleichszahlungen die Rentenkürzungen ausgleichen, oder indem sie freiwillig monatlich weiter einzahlen. Was dabei herauskommt, zeigen wir in Modellrechnungen ab Seite 102.

Zwei Varianten der Turborente

Die beiden einfachsten Wege zum frühen Ruhegeld führen immer über die Dauer der Versicherung: Nach 45 Versicherungsjahren erhält man seinen vollen Rentenbetrag, nach 35 Jahren mit Abzügen weniger. Beide Varianten haben wir im Juli 2025 untersucht. Die Ergebnisse stellen wir auf den folgenden Seiten in einer Zusammenfassung vor.

Lediglich gut 40 Prozent der Menschen, die 2024 in Rente gegangen sind, taten das zum regulären Zeitpunkt. Obwohl das vorgesehene Eintrittsalter höher lag – und in den nächsten Jahren noch bis auf 67 steigen wird – haben viele ihre Rente schon vorher beantragt. Dafür gibt es zwei Wege: die Rente für „langjährig Versicherte" und die Rente für „besonders langjährig Versicherte". Für erstere müssen Versicherte mindestens 35 Versicherungsjahre angesammelt haben, für letztere 45 Jahre. Personen mit einer Schwerbehinderung profitieren möglicherweise von Sonderregelungen, weiterführende Informationen dazu finden Sie online unter test.de/schwerbehinderung.

Die beiden Rentenarten unterscheiden sich in den zu erfüllenden Voraussetzungen und den Einbußen, die Rentnerinnen und Rentner hinnehmen müssen, um früher in den Ruhestand gehen zu dürfen. Die besonders langjährig Versicherten bekommen ihre bis dahin erarbeiteten Rentenansprüche ohne Kürzungen ausgezahlt, sobald sie das Mindestalter für ihren Jahrgang erreicht haben. Hier gilt: Die vorgezogene Rente kann frühestens zwei Jahre vor dem regulären Renteneintrittsalter beginnen.

Frührente mit 35 Versicherungsjahren

Die Rente für langjährig Versicherte kann hingegen immer schon genau mit dem 63. Geburtstag bezogen werden. Aber: Dafür muss man einen Abschlag hinnehmen. Jeder vorgezogene Monat vor dem regulären Rentenbeginn kostet 0,3 Prozent Abzug bei der Rente.

Wenn die gut verdienende Modellrentnerin Rita (Jahrgang 1962, ledig, 6 311 Euro Bruttoverdienst, vgl. Seite 102) also mit 63 statt mit 66 Jahren und 8 Monaten in den Ruhestand geht, verringert sich ihre Rente um 13,2 Prozent (44 Monate × 0,3 Prozent) – auf Rentendeutsch heißt das: Sie wird mit Abschlägen ausgezahlt. Statt 2 447 Euro Rente fließen im Monat nur 2 124 Euro Rente. Die Einbuße klingt happig und ist es sicherlich auch, aber: Ihre Frührente sprudelt auch drei Jahre und acht Monate länger! Bis die Frührentnerin ihr reguläres Rentenalter erreicht hat, sind schon viele Tausend Euro auf ihr Konto geflossen. Diesen Vorsprung müsste sie durch eine spätere, aber höhere Rente erst mal aufholen.

Unsere Kalkulation zeigt, dass erst nach 24 Jahren der Punkt erreicht wäre, an dem mit der späteren ungekürzten Rente insgesamt mehr Geld geflossen wäre. Trotz der Renteneinbußen lohnt sich der frühe Renteneintritt – insbesondere, wenn Frührentner ihre Rente auch mit einer Arbeitstätigkeit kombinieren können.

Abgesehen davon bedeutet „Frührente" nicht, dass man die Altersbezüge unbedingt pünktlich zum 63. Geburtstag beantragen muss. Es ist auch möglich, sie einige oder viele Monate später in Anspruch zu nehmen. Je näher der Termin am regulär vorgesehenen Rentenalter liegt, desto geringer die Abschläge. Auch wer wegen eines Studiums später in den Job eingestiegen ist, bringt es leicht auf die nötigen 35 Versicherungsjahre – zumal Hochschulzeiten hier mitzählen, wenn auch nicht unbeschränkt.

WELCHE FRÜHRENTE SCHAFFEN SIE? Diese Frage beantwortet die Rentenversicherung auf Antrag mit einer gesonderten Aufstellung. Dafür sollten Sie mindestens das 50. Lebensjahr vollendet haben. Im schönsten Renten-Sprech heißt dieses Formular „Antrag auf Auskunft über die Höhe der Beitragszahlung zum Ausgleich einer Rentenminderung bei vorzeitiger Inanspruchnahme einer Rente wegen Alters" und trägt die Nummer V0210. In der Antwort finden Sie eine Berechnung der Höhe Ihrer möglichen Abschläge sowie Ausgleichszahlungen.

45 Jahre erreichen erstaunlich viele

Die Regeln für die besonders langjährig Versicherten sind dagegen strenger und mit Studium eher nicht zu erreichen. Aber wer früh seine Ausbildung begonnen und dann lange gearbeitet hat, bringt die 45 Jahre zusammen. Fast 30 Prozent der Rentenzugänge waren 2024 besonders langjährig Versicherte. Das Geschlechterverhältnis ist dabei ziemlich ausgeglichen. Auch viele Frauen erreichen diese Marke, denn es zählen ebenso die Erziehung von Kindern und die Pflege von Angehörigen dazu – nicht aber zum Beispiel Schul- und Studienzeiten, Zeiten mit Bezug von Arbeitslosengeld II oder Zeiten aus einem Versorgungsausgleich nach einer Scheidung.

Wichtig: Auch wer die 45 Versicherungsjahre schon früher beisammen hat, muss warten, bis er oder sie zusätzlich das Mindestalter für die besonders langjährig Versicherten erreicht hat. Und dies tritt eben erst zwei Jahre vor dem regulären Rentenalter ein. So kann es passieren, dass man de facto 46, 47 oder 48 Versicherungsjahre warten muss, um in den Genuss seiner ungekürzten Rente zu gelangen.

Beachten Sie: Ungekürzt bedeutet nicht, dass diese Frührente genau so hoch ist wie die reguläre Altersrente. Denn der versicherten Person fehlen die Einzahlungen in den Jahren zwischen frühem und regulärem Rentenstart. Das sorgt für weniger Rentenpunkte auf dem Rentenkonto. Dennoch sollten Sie diese Frührente beantragen, wenn Sie die Voraussetzungen erfüllen.

Dass sich das lohnt, belegt unsere Musterrechnung. Unser Modellrentner Uwe (Single, Jahrgang 1961) tauchte früh in das Berufsleben ein und verdiente stets durchschnittlich (2025 knapp 4208 Euro brutto im Monat). Er konnte im November 2025 mit 64 Jahren und 6 Monaten abschlagsfrei in Frührente gehen, zwei Jahre früher als regulär – weil er die dafür nötigen 45 Versicherungsjahre absolviert hatte. Das Rentenkonto unseres Modellfalls wies zu diesem Zeitpunkt 45 Entgeltpunkte auf.

Seine Nettorente betrug dann 1553 Euro im Monat. Das sind zwar 55 Euro weniger als bei Weiterarbeit bis zum Beginn der Regelaltersrente; doch weil er die Rente schon zwei Jahre früher bezieht und sie ihm in dieser Zeit insgesamt 37272 Euro netto bringt, muss er insgesamt keine Renteneinbußen hinnehmen.

Kombiniert Rentner Uwe Arbeit und Rente, dann erhöht er sein monatliches Netto. So kommt er 2026 auf ein monatliches Einkommen von 3889 Euro aus Weiterarbeit und Rente (siehe Sonderseite „Rentenaufschub lohnt sich nicht“, Seite 97). Das sind netto immerhin 1161 Euro mehr, als wenn er nur Gehalt ohne Rente erhielte.

Seine vorzeitig bezogene Rente ist nach Erreichen der Regelaltersgrenze dann höher als bei einem regulären Rentenbeginn. Dies hat zwei Gründe: Durch seine sozialversicherungspflichtige Weiterarbeit in der Frührente fließen weiterhin Beiträge an die Rentenversicherung, die sein Ruhegeld zusätzlich steigern. Zudem stellt er sich durch den vorgezogenen Rentenstart steuerlich besser. Sein steuerpflichtiger Rentenanteil ist um einen Prozentpunkt niedriger, er steigt mit jedem Jahr, den Versicherte später in Rente gehen. Bei Renteneintritt im Jahr 2025 liegt er bei 83,5 Prozent, im Jahr 2027 sind es schon 84,5 Prozent.

So fällt Uwes verfügbares Einkommen mit dem Durchschnittsverdienst mit 1613 Euro um fünf Euro höher aus als bei regulärem Rentenbeginn – ein weiteres Plus von 60 Euro im Jahr. Auch nicht schlecht.

Besser Rat einholen

Es ist nicht immer ganz einfach, selbst zu ermitteln, ob der eigene Lebensweg für die Rente ohne Abschläge qualifiziert. Deshalb sollten Versicherte früh genug eine persönliche Beratung bei der Deutschen Rentenversicherung in Anspruch nehmen. Das schützt vor teuren Fehlern, denn: Wer etwa eine Rente mit Abschlägen beantragt, obwohl er einige Monate später Anspruch auf die Rente ohne Abschläge gehabt hätte, bekommt bis an sein Lebensende deutlich weniger Geld ausgezahlt. Dieser Fehler lässt sich später kaum noch korrigieren, da eine Entscheidung für eine Art der Altersrente endgültig ist. Ein späterer Wechsel ist ausgeschlossen.

Denken Sie für Ihre Abwägungen daran: Abschläge einer vorzeitigen Rente fallen nicht automatisch weg, sobald Ruheständler ihr reguläres Rentenalter erreicht haben. Das gleiche gilt ebenso beispielsweise für Riester- oder Betriebsrenten, die geringer ausfallen, wenn sie früher (und dafür länger) bezogen werden.

MEHR WISSEN. Der Ratgeber der Stiftung Warentest „Früher in Rente und Ruhestand – Finanzielle Freiheit ab 45, 55 oder 63" schlüsselt die verschiedenen Wege in eine vorgezogene Rente anschaulich auf. Selbstverständlich zählen auch die Rente mit 63 für langjährig Versicherte und ebenso die Frührente ohne Abschläge nach 45 Versicherungsjahren dazu. Checklisten sowie Musterrechnungen erleichtern die eigene Planung.

Erläuterungen siehe Seite 152

Rentenaufschub lohnt sich nicht

Mit 45 Versicherungsjahren ist die Kombination Frührente + Job die beste Wahl. Wer den Renteneintritt aufschiebt, erhält zwar ein wenig mehr Rente, diese dafür aber auch kürzer – das würde sich erst nach 56 Jahren rentieren.

Musterfall:

- Durchschnittsverdiener
- 45 Versicherungsjahre
- Anspruch auf abschlagsfreie Frührente

Frührente

Rente:
1 553 Euro/ Monat

24 Monate länger Rente

24 Monate x 1 553 Euro
= 37 272 Euro

Regelaltersgrenze

Rente:
1 608 Euro/ Monat

55 Euro/Monat mehr Rente

Erst nach 56 Jahren wäre der Vorsprung aufgeholt

Alternative Wege in die Frührente checken

Wer vor dem 63. Geburtstag aus dem Job raus möchte, kann unter Umständen auch betriebliche Regelungen über den Arbeitgeber nutzen. Anders als auf die vorzeitige gesetzliche Rente haben Beschäftigte darauf aber keinen Anspruch, sondern müssen ihren Fall individuell mit dem Arbeitgeber klären.

Mit Altersteilzeit können Arbeitnehmer und Arbeitnehmerinnen deutlich vor 63 aufhören zu arbeiten. Bei einer Altersteilzeit im Blockmodell arbeiten sie in der ersten Hälfte voll und sind in der zweiten Hälfte von der Arbeitsleistung freigestellt, während sie über die gesamte Zeit ein Teilzeitgehalt beziehen, das aber vom Arbeitgeber etwas aufgestockt werden muss. So kann es sein, dass man zwar nur zu 50 Prozent arbeitet, aber trotzdem 60 Prozent vom Gehalt der Vollzeitarbeit erhält. Vor allem größere Firmen stocken das Gehalt ihrer Altersteilzeitler noch öfters auf 70 Prozent oder mehr auf. Zudem gibt es auch Vorteile bei den Einzahlungen in die Rentenkasse.

Bis zu drei Jahre noch früher in Rente gehen

Im Blockmodell nach dem Altersteilzeitgesetz würde man zum Beispiel ab dem 58. Geburtstag für drei Jahre voll arbeiten und nur sein Teilzeitgehalt kassieren. Danach schließen sich drei Jahre der sogenannten „Passiv-Phase" an, bei dem das Teilzeitgehalt ohne Arbeitsleistung weiter fließt. Kombiniert mit einer Rente ab 63, könnte man so bereits ab 60 nicht mehr arbeiten. Manche Unternehmen lassen es darüber hinaus zu, dass sich Arbeitnehmer ein Wertguthaben etwa mit Überstunden aufbauen, das sie später nutzen dürfen, um sich vor 63 in den Ruhestand zu verabschieden.

Bauen Unternehmen Stellen ab, kommen mitunter Vorruhestandsregelungen ins Spiel. Dann bieten Arbeitgeber ihren Beschäftigten an, beispielsweise mit 60 ihren Posten zu verlassen und weiterhin ein reduziertes Gehalt zu beziehen. Eine Arbeitsleistung wird für das Vorruhestandsgeld nicht mehr verlangt.

Häufig nutzen Schnell-Starter in den Ruhestand diese Varianten auch, um sich beruflich dann anderweitig neu zu orientieren. Fitness und Motivation sollten dabei den Ausschlag geben. Eine zusätzliche berufliche Aktivität etwa im Rahmen eines Minijobs oder bis zu gewissen Höchstgrenzen steht diesen Viel-Früher-Rentnern in den meisten Fällen jedoch auch hierbei problemlos zusätzlich offen.

Das müssen Sie beachten

Die Kombination Job plus Frührente lockt mit erstaunlich vielen Vorteilen und einer großen Flexibilität. Dazu gibt es richtig viel Geld aufs Konto. Worauf Sie dennoch achten sollten.

Sie dürfen sich über ein spürbar hohes Einkommen freuen, wenn Sie die vorgezogene Rente mit einem Gehalt verbinden. Derart Beschäftigte können sich vor Renteneintritt noch zahlreiche Wünsche erfüllen und für spätere Jahre vorsorgen. Vielleicht wollen Sie das Eigenheim altersgerecht umbauen, mit Einzahlungen in die Rentenkasse die Rentenzahlungen aufbessern oder Sie planen noch eine Weltreise? Mit den zusätzlichen Euros wüssten die meisten Menschen sicher viel anzufangen.

Die vorgezogene Rente lässt sich alternativ auch gut mit einem Teilzeitjob kombinieren. Das federt die Einkommenseinbußen ab Renteneintritt etwas ab und ermöglicht einen entspannteren Übergang vom Job in die Rente. Und zu guter Letzt können auch Menschen, die bereits im vorgezogenen Ruhestand sind und keinen Job mehr haben, die Kombi-Möglichkeit nutzen, um wieder eine Arbeit aufzunehmen – einfach, weil sie dazu Lust haben oder weil es sie finanziell reizt.

Egal, ob man die Frührente mit oder ohne Abschläge bezieht: So oder so heißt es erst einmal rechnen. Denn ganz so gut, wie der Booster aus doppeltem Einkommen durch Job plus Frührente auf den ersten Blick wirkt, ist er keineswegs in allen Fallkonstellationen. Schließlich fällt die Rente teils deutlich niedriger aus, wenn man sie vor dem regulären Rentenalter bezieht: Weil die versicherte Person dann kürzer eingezahlt hat, erhält sie folglich auch weniger Rente. Hinzu kommen meist noch lebenslange Abschläge.

Berücksichtigt man zudem, dass bei einem höheren Einkommen auch höhere Steuern und Sozialabgaben anfallen, werden die finanziellen Auswirkungen schnell unübersichtlich. Versicherte sollten außerdem vor Augen haben, dass sich der Bezug einer Altersrente auf andere Sozialleistungen im Job wie Kranken- und Arbeitslosengeld negativ auswirken kann.

Der Job ist bis zur Regelaltersgrenze sicher

Nachteile im Job haben Beschäftigte auch bei parallelem Rentenbezug nicht zu befürchten. Im Arbeitsvertrag kann zwar stehen, dass das Arbeitsverhältnis mit Rentenbeginn endet. Das bezieht sich jedoch stets auf die Regelaltersrente. Eine Vertragsbeendigung oder gar eine Kündigung des Mitarbeiters bei Start einer vorgezogenen Altersrente auszusprechen, ist laut Arbeitsrechtsexperten unzulässig. Damit bleibt die Wahl einer Frührente mehr oder weniger Ihre Privatsache. Sie sind auch nicht verpflichtet, Ihre Chefin oder Ihren Chef darüber zu informieren. Falls Sie nach dem Erreichen der Regelaltersgrenze indes weiter arbeiten möchten, müssen Sie sich mit Ihrem Arbeitgeber darüber einigen (Näheres dazu unter „Arbeitsrecht: wie der Chef mitreden darf", Seite 51).

Sozialbeiträge und Steuern

Auch bei vorgezogenen Renten in Kombination mit einer Berufstätigkeit sollten Sie die Sozialbeiträge und die Steuern im Blick behalten. Anders als beim Lohn zieht die Rentenversicherung die Steuer ja nicht vor der Auszahlung ab. Die Frührentner und -rentnerinnen sind aber verpflichtet, dem zuständigen Finanzamt die Höhe ihrer Rente mitzuteilen. Das geschieht über die Einkommenssteuererklärung, nach der dann die Steuerzahlungen berechnet werden. Rentnerinnen und Rentner sollten also die Höhe der späteren Steuernachzahlungen überschlagen und den entsprechenden Betrag zurücklegen.

Anders läuft es bei den Beiträgen zur Krankenkasse: Sowohl Rentenversicherung als auch Arbeitgeber ziehen sie direkt ab, soweit Sie pflichtversichert sind. Da es hier keine gute Abstimmung zwischen Betrieb und Rentenversicherung gibt, kann es passieren, dass insgesamt zu viel an die Kranken- und Pflegeversicherung gezahlt wird. Im Jahr 2026 sind Einnahmen bis 69 750 Euro beitragspflichtig. Beziehen Arbeitnehmerinnen zum Beispiel 60 000 Euro in ihrem Job und erhalten zusätzlich eine Altersrente von 20 000 Euro, zahlen sie zunächst Beiträge auf 80 000 Euro. Wichtig: Die zu viel gezahlten Beiträge können sie sich von ihrer Krankenkasse erstatten lassen – Sie müssen sich allerdings selbst darum kümmern (Näheres dazu im Kapitel „Aktivrente: Regelaltersrente plus Job" auf Seite 67).

Als Rentnerin mit Job krank oder arbeitslos

Was geschieht, wenn jobbende Rentner krank werden oder ihr Arbeitsplatz wegfällt? Für viele Bereiche unseres Sozialsystems ist es durchaus ein Unterschied, ob jemand Arbeitnehmerin oder Ruheständlerin ist.

Beschäftigte, die eine volle Altersrente beziehen, verlieren ihren Anspruch auf Krankengeld. In der Logik unseres Sozialsystems lautet die Argumentation, dass ja stets eine Rente bezogen wird oder bezogen werden könnte. Das Krankengeld zahlt die gesetzliche Krankenversicherung Versicherten meist ohnehin erst, sobald sechs Wochen vergangen sind, seitdem der Arzt sie zum ersten Mal krankgeschrieben hat. Dann endet in der Regel die Lohnfortzahlung durch den Arbeitgeber.

Ähnlich läuft es mit dem Anspruch auf Arbeitslosengeld, denn dieser erlischt, sobald Arbeitnehmer eine volle Altersrente beziehen. Dennoch müssen Beschäftigte kurioserweise bis zum Erreichen der Regelaltersgrenze weiterhin auf ihr Arbeitsentgelt Beiträge zahlen. Ihr Anteil beträgt 1,3 Prozent.

Zusätzliche Sicherheit mit Teilrente

Falls Sie Wert auf eine Absicherung Ihres zusätzlichen Gehalts im Krankheitsfall legen oder fürchten, dass die Firma, bei der Sie als Frührentnerin/Frührentner beschäftigt sind, bald in die Pleite schliddern könnte, sollten Sie die Wahl einer Teilrente in Betracht ziehen. Sowohl den Anspruch auf das Krankengeld als auch denjenigen auf etwas Arbeitslosengeld dürfen sich arbeitende Frührentner sichern, indem sie nicht eine volle Altersrente beantragen, sondern nur eine sogenannte Teilrente. Dann wird tatsächlich nur ein Teil der Rente ausgezahlt.

Es ist möglich, die Teilrente in allen möglichen Höhen ab 10 Prozent der Vollrente zu beantragen, etwa auch eine Teilrente in Höhe von 99,99 Prozent. Für den minimalen Rentenverzicht von ein paar Cent bleibt der Anspruch auf Krankengeld erhalten. Und auch im Fall einer Arbeitslosigkeit in den letzten Jahren vor der Rente würden immerhin drei Monate lang Arbeitslosengeld fließen (mehr zur Teilrente im Kapitel „Clever kombinieren: Rente, Job und Sozialabgaben" ab Seite 34).

So lohnt sich die Rente ab 63 mit einem Job

Sie ist leichter erreichbar und dennoch vorteilhaft: Die Frührente mit Abschlag kann Ihnen trotz aller Abzüge deutlich mehr Einkommen bringen als zuvor. Dennoch sollten Sie genau kalkulieren, was sich lohnt.

Die Rente stellt in unserem System zu überwiegenden Teilen ein Abbild des Arbeitslebens dar: Lange gearbeitet (und damit viel in die Rentenkasse eingezahlt) ergibt eine höhere Rente. Wer durchgehend gut verdient und entsprechend Rentenbeiträge gezahlt hat, erhält später auch eine höhere Rente als der Durchschnitt. Abschläge bei vorzeitigem Rentenbeginn sind dann leichter zu verkraften.

Für die gut verdienende Ruheständlerin Rita, die die Voraussetzungen für die vorgezogene Rente für langjährig Versicherte nach 35 Versicherungsjahren mitbringt, sehen wir uns die drei zur Verfügung stehenden Optionen genauer an (vgl. „Drei Möglichkeiten ab 63", Seite 103). Sie ist Akademikerin und verdient 6311,63 Euro pro Monat, was dem 1,5-fachen Durchschnittsentgelt in Deutschland entspricht (Stand: 2025).

Für die Zeit zwischen ihrem 63. Geburtstag und dem Start ihrer regulären Altersrente mit 66 Jahren und 8 Monaten ergäben sich folgende Möglichkeiten:

Option 1: nur Frührente. Sie könnte ausschließlich ihre bis dahin erreichte vorgezogene Rente beziehen und ihren Job an den Nagel hängen. Dazu stellt sie den entsprechenden Antrag bei der Rentenversicherung. Das ergäbe für sie ein verfügbares Nettoeinkommen von 1759 Euro im Monat im ersten vollen Rentenjahr.

Option 2: nur Gehalt. In der zweiten Variante könnte sie ausschließlich in Vollzeit weiterarbeiten, sie stellt noch keinen Rentenantrag, verzichtet somit auf ihre Frührente und käme damit auf ein verfügbares monatliches Nettoeinkommen in Höhe von 3824 Euro bis zum regulären Rentenstart.

Erläuterungen siehe Seite 152

Drei Möglichkeiten ab 63

Mit 63 stehen vielen Beschäftigten drei wichtige Optionen offen: Sie dürfen die Frührente mit 63 mit Abschlägen in Anspruch nehmen, sie können einfach weiter arbeiten oder sie kombinieren Frührente mit der Weiterarbeit. Wie stark der Brutto- und Nettoverdienst in der dritten möglichen Variante steigt, verdeutlicht unsere Grafik für eine Besserverdienerin.

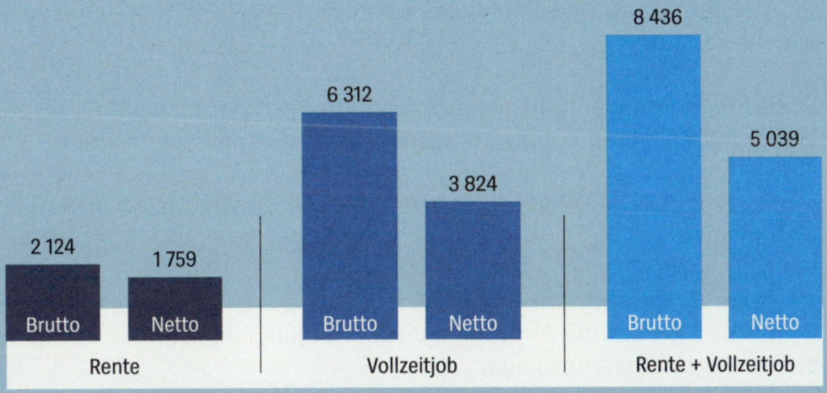

» **Mit 35 Versicherungsjahren** kostet jeder vorgezogene Monat vor dem regulären Rentenbeginn **0,3 Prozent** Rente. «

Option 3: Frührente plus Gehalt. In der dritten Variante kombiniert Sie die vorgezogene Rente mit einem Vollzeitjob. Das kann der altbekannte Arbeitsplatz sein oder auch ein neuer. So kommt sie zu Beginn auf ein verfügbares Nettoeinkommen von 5039 Euro.

Die Kombination aus Frührente mit 63 und Arbeitseinkommen sorgt in den drei Jahren und acht Monaten bis zu Ritas Regelaltersrente für einen wahren Einkommensbooster. So viel Geld dürfte bei vielen monatlich noch nie aufs Konto gekommen sein – zumindest, wenn sie keine weiteren Einkünfte, zum Beispiel Mieteinnahmen, haben. Für Rita berechnen wir vier Varianten:

Variante 1: Rita wählt die vorgezogene Altersrente für langjährig Versicherte mit 63 Jahren und 13,2 Prozent Abschlag ohne Erwerbsarbeit.

Variante 2: Rita bezieht Frührente und arbeitet zusätzlich bis zur Regelaltersgrenze.

Variante 3: Rita bezieht Frührente, arbeitet dabei bis zur Regelaltersgrenze und gleicht die Abschläge durch vier jährliche Einmalzahlungen bis zur Regelaltersgrenze aus.

Variante 4: Rita arbeitet bis zu ihrem regulären Rentenbeginn und bezieht ab dann Regelaltersrente.

Unsere Modell-Arbeitnehmerin Rita hat immer überdurchschnittlich verdient: Im Jahr 2025 waren es monatlich 6312 Euro brutto, wovon ihr netto 3824 Euro übrig blieben. Darüber hinaus analysieren wir einmal, welche Möglichkeiten sie hat, ihre vorzeitige Rente zu erhöhen, ohne noch weiter erwerbstätig zu sein. Die reguläre Rente beginnt in ihrem Fall mit 66 Jahren und acht Monaten; das wäre ihr zu spät – erst im Jahr 2029. Deshalb ist Rita bereits am 1. Mai 2025 in den Ruhestand gegangen – mit 63 Jahren. In diesem Jahr hat sie noch ein verfügbares Monatseinkommen von durchschnittlich 2519 Euro im Monat. Ab 2026 sind es netto nur noch 1759 Euro.

Wie kommt sie auf dieses Nettoeinkommen? 2025 hat sie in den ersten vier Monaten noch normal gearbeitet und verdient, erst ab Mai bezieht sie Rente. Im Jahresdurchschnitt stehen ihr also monatlich knapp 2520 Euro netto zu Verfügung. 2026 kommt dann nur noch die Rente aufs Konto: netto knapp 1760 Euro.

50 000 Euro mehr

Deutlich anders sieht die Rechnung aus, wenn Rita noch gar keine Lust auf den Ruhestand verspürt und lieber Erwerbsarbeit mit Frührente kombiniert (siehe „Vorteil durch Frührente plus Job" unten, Seite 106). Statt nur mit der Nettorente auskommen zu müssen, verfügt sie nun 2026 über ein Nettoeinkommen aus Gehalt und Rente von monatlich 5 039 Euro. Weiterarbeiten und zugleich Frührente zu kassieren bringt also finanziell große Vorteile: Das Einkommen nach Steuern und Abgaben beträgt in den vier Jahren 2025 bis 2028 (ihre Regelaltersgrenze) auf der Grundlage damaliger Werte insgesamt 237 714 Euro.

Die Alternative sollte man sich vergegenwärtigen: Beantragt Rita ihre Frührente nicht, sondern arbeitet in ihrem Job normal weiter bis zur Regelaltersgrenze im Dezember 2028, so erhält sie nur ihr Nettogehalt in Höhe von 184 028 Euro. Die Kombination aus Frührente und Weiterarbeiten beschert ihr also ein Einkommensplus von insgesamt 53 686 Euro.

Einen großen Haken gibt es aber: Ihre Abschläge gelten lebenslang, denn auch ab der Regelaltersgrenze muss sie weiter mit ihrer gekürzten Frührente von netto 1 916 Euro im Monat auskommen (mögliche zukünftige Rentensteigerungen lassen wir außer Acht, da sie nicht feststehen). Es hält sich das Gerücht, wonach die Abschläge im Regelrentenalter sämtlich entfallen würden, doch dies ist falsch. Rita bekommt 211 Euro weniger überwiesen als ihre reguläre Altersrente in Höhe von 2 127 Euro So viel hätte sie nämlich erhalten, falls sie bis zu ihrer Regelaltersgrenze von 66 Jahren und acht Monaten weitergearbeitet und keine Frührente beantragt hätte. Im Jahr beträgt das Minus somit 2 532 Euro. Mit diesen Abschlägen sollte sie dauerhaft kalkulieren.

Wird dieser Verlust durch den oben beschriebenen Einkommensbooster in den drei Jahren und acht Monaten vor der Regelaltersrente kompensiert? Um diese Frage zu beantworten, hilft eine weitere Rechnung: Hätte Rita die 53 686 Euro aus dem Einkommensplus noch auf der hohen Kante – unverzinst – und würde damit ihr jährliches Rentenminus von 2 532 Euro ab der Regelaltersgrenze ausgleichen, dann dauert es mehr als 21 Jahre, bis ihr Geld verbraucht ist, und dann wäre sie schon recht alt – fast 88 Jahre.

Abschläge ausgleichen

Die Abschläge bei Frührente plus Weiterarbeit wirken sich nicht so stark aus wie jene, die allein bei einer vorzeitigen Altersrente mit Abschlägen fällig werden. Der Grund: Mit der Weiterarbeit werden auch weiterhin Rentenbeiträge gezahlt, die ab der Regelaltersgrenze die Rente erhöhen.

Vorteil durch Frührente plus Job

Haben oder nicht: In unserem Musterfall kassiert die Frührentnerin dank ihrer Weiterarbeit bis zur Regelaltersgrenze drei Jahre lang netto jeden Monat 5 039 Euro. Hätte sie ihren Job mit 63 an den Nagel gehängt, dann wären nur 1759 Euro auf ihr Konto geflossen. Der Nebeneffekt: durch weitere Einzahlungen in die Rentenkasse erhöht sie ihr Ruhegeld später zusätzlich um 157 Euro.

Vorzeitige Rente (13,2 % Abschläge)

- Durchschnittlich verfügbares Monatseinkommen (Netto)
- Monatsrente zum 1.7. (Brutto)

Rentenbeginn: 1.5.2025

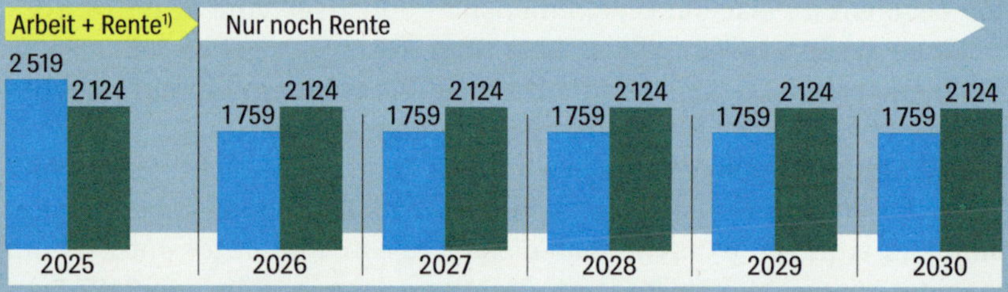

Rentenbeginn: 1.5.2025
→ Weitergearbeitet bis: 31.12.2028

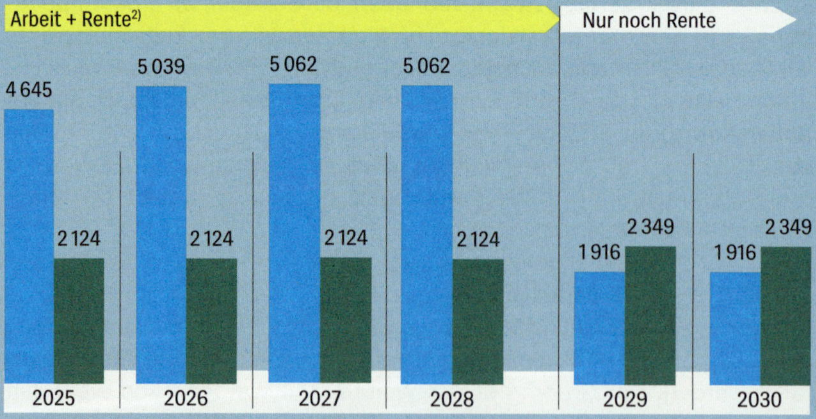

Frührentner dürfen dazu ihre Abschläge weiterhin ausgleichen. Das kostet zugegebenermaßen schon recht viel und kann sich dennoch rentieren. Angenommen, in den Jahren 2025 bis 2028 würde Rita jährlich 15256 Euro Ausgleichszahlung in die gesetzliche Rentenversicherung stecken. Diesen Betrag berücksichtigt das Finanzamt als Sonderausgabe, und das senkt die Steuerlast unserer Rentnerin. Die Ausgleichszahlung steigert zwar im Folgemonat die Rente, schmälert aber vorübergehend das verfügbare monatliche Einkommen in den vier Jahren Frührente und Weiterarbeit. Einfacher Grund: Der Ausgleichsbetrag, den sie einzahlt, steht ihr ja nicht mehr zur Verfügung. Doch später, ab der Regelaltersgrenze, wird der Steigerungseffekt deutlich.

Unter Berücksichtigung der Steuerersparnis kostet Rentnerin Rita der Ausgleichsbetrag 31744 Euro. Um diesen Betrag reduziert sich ihr Einkommen in den Jahren 2025 bis 2028 insgesamt. Dafür erhält sie ab der Regelaltersgrenze netto 2087 Euro Rente; das sind monatlich 171 Euro (2052 Euro im Jahr) mehr als ohne Ausgleich der Abschläge. Nach gut 15 Jahren hätte sie also den aufgewendeten Betrag wieder heraus. Dann wäre sie erst 82 Jahre alt. Dieses zusätzliche Investment sollte ihr eine Überlegung wert sein.

Abschlagsausgleich ohne Umkehr

Ist der Abschlagsausgleich erst einmal an die Rentenversicherung überwiesen, gibt es das Geld nicht wieder zurück. Der Ausgleich lohnt sich nach unserer Einschätzung auf jeden Fall bei einer langen Lebenserwartung, wie unser Beispiel zeigt. Denn die Rente fließt lebenslang. Das Geld ist nie „aufgezehrt". Dies gilt zwar gleichermaßen für eine private Rentenversicherung. Doch ein Neuvertrag wäre selbst bei einem günstigen Versicherer deutlich teurer als der Abschlagsausgleich bei der gesetzlichen Rentenversicherung.

Wer in den vorgezogenen Ruhestand geht und nicht mehr weiterarbeitet, hat zwei Möglichkeiten, seine Rente zu erhöhen: Abschläge wie beschrieben ausgleichen oder freiwillig Beiträge in die Rentenkasse einzahlen. Dies ist möglich für Frührentner, die nicht mehr sozialversicherungspflichtig beschäftigt sind. Allerdings lohnt sich der Abschlagsausgleich eher als freiwillige Beiträge. Das hat mit dem Erhöhungsmechanismus zu tun: Die Ausgleichszahlung für Abschläge der Frührente steigert schon im darauf folgenden Monat die vorgezogene Rente, freiwillige Beiträge erhöhen sie hingegen erst ab Erreichen der Regelaltersrente.

Erläuterungen siehe Seite 152

07

Die Varianten im Vergleich

Früher oder später: die Grundsatzentscheidung

Wir ziehen in diesem Kapitel ein Fazit: Worin unterscheiden sich die Varianten der Jobkombinationen für Ruheständler im Kern? Und welche Art von Rente plus Job könnte sich für Sie besonders lohnen?

Sowie Sie die Voraussetzungen für eine Frührente erfüllen und diese in Anspruch nehmen möchten, steht Ihnen eine ganze Reihe von Jobmöglichkeiten zur Auswahl: Sie können mindestens bis zum Erreichen der Regelaltersgrenze in Ihrem Job bleiben. Oder Sie gehen in Frührente, kündigen und suchen sich eine neue Beschäftigung. Auch Selbstständigkeit wäre möglich.

Bei der Frührente haben Sie – sofern Sie die Bedingungen erfüllen – die Wahl zwischen einer Rente mit 63 mit Abschlägen und einer Frührente zwei Jahre vor Ihrem Regelrentenalter ohne Abschläge. Bedenken Sie, dass Sie in beiden Fällen jedoch höhere Sozialbeiträge auf Ihr Arbeitseinkommen zu entrichten haben als nach Erreichen der Regelaltersgrenze: nämlich Arbeitslosen-, Kranken-, Pflege- und Rentenversicherung.

Der Vorteil einer Frührente mit gleichzeitigem Gehaltsbezug liegt dennoch auf der Hand, weil Frührentnerinnen und -rentner selbst mit den Abzügen von Steuern und Sozialbeiträgen wesentlich höhere Gesamteinkommen beziehen. Im Falle der Rente mit 63 ist das bis zu vier Jahre lang der Fall (bis zum maximalen Regelrentenalter 67) und mit der abschlagfreien Rente immerhin über zwei Jahre hinweg möglich. Auf den Steuerrabatt mit der Aktivrente müssen Sie als Frührentnerin und Frührentner allerdings verzichten.

Anders sieht es aus, wenn ein früherer Renteneintritt für Sie kein Thema ist. Dann können Sie ab Ihrem regulären Rentenstarttermin zusätzlich den Aktivrentenbonus in einem Zusatzjob nutzen. Da es sich bei der Aktivrente um einen zusätzlichen steuerlichen Freibetrag von bis zu

2000 Euro monatlich für Angestellte handelt, fällt die Nutzung sehr leicht. Denn um Aktivrentnerin oder Aktivrentner zu werden, müssen Sie ja nicht unbedingt voll bis zur regulären Altersgrenze gearbeitet haben. Sie können auch vorher im Job pausiert haben. Entscheidend ist lediglich, dass Sie mit Ihrer Berufstätigkeit als Angestellte oder Angestellter nach Erreichen der Regelaltersgrenze starten.

Oder Sie bleiben in einer weiteren Variante ohne Unterbrechung an Ihrem alten Arbeitsplatz, den Sie sich über diese Altersgrenze hinweg nach Rücksprache mit Ihrem Chef gesichert haben. Der Aktivrenten-Vorteil fliegt Ihnen dann quasi automatisch zu.

Und zu guter Letzt besteht für Sie zusätzlich die Möglichkeit, den regulären Rentenantrag um ein paar Monate oder sogar um Jahre nach hinten zu verschieben und so Ihre spätere Rente zu erhöhen. Mit 67 muss auch hier längst nicht Schluss sein, und den Steuerrabatt für Aktivrentner haben Sie sich als wertvoller Senior-Angestellter damit gleichermaßen gesichert.

Alternativen ohne Altersgrenzen

Minijob, kurzfristige Beschäftigung oder Ehrenamt: Diese drei Sonderformen der Beschäftigung überspringen solche Zeitgrenzen allesamt. Es ist egal, wann Sie als Rentnerin oder Rentner zusätzlich einen Minijob ausüben, eine kurzfristige Beschäftigung oder ein Ehrenamt wählen. Das dürfen Sie nämlich immer. Sie müssen für diese drei Sonderformen bis zu den gültigen Höchstgrenzen selbst auch keinerlei Sozialabgaben entrichten. Die Einkommen aus Minijob oder Ehrenamt kassieren Sie noch dazu vollständig am Finanzamt vorbei. Bei der kurzfristigen Beschäftigung haben Sie die Wahl zwischen individuellem Steuersatz oder der Pauschalsteuer in Höhe von 25 Prozent. Es spielt bei allen drei Sonderformen keine Rolle, ob Sie nebenher eine Früh- oder Regelrente beziehen oder ob Sie sich diese als Voll- oder Teilrente auszahlen lassen.

Diese drei Sonderformen können mit Fug und Recht als Super-Kombi bezeichnet werden, umso mehr, als sie sich auch miteinander verbinden lassen: Minijob oder kurzfristige Beschäftigung etwa mit Ehrenämtern (zum Beispiel Ehrenamt plus Übungsleiterfunktion gleichzeitig). So lässt sich der abzugsfreie Extra-Verdienst auf mehr als 12000 Euro im Jahr steigern.

Und schließlich könnten Sie diese Kombinationen darüber hinaus problemlos mit dem Bezug einer Früh- oder Regelrente verbinden sowie obendrein noch einem Zusatzjob mit Aktivrenten-Bonus nachgehen (mehr Details dazu im folgenden Kapitel).

Bürostuhl und Sofa

Eine Kombination aus Ruhestand mit Rentenbezug und Job ist in finanzieller Hinsicht oft lohnenswert. Dank mehrerer politischer Reformen lässt sich der Übergang heute sehr flexibel gestalten. Idealerweise treffen Sie Ihre Entscheidungen dazu im wichtigen Zeitfenster zwischen dem 63. und 67. Lebensjahr.

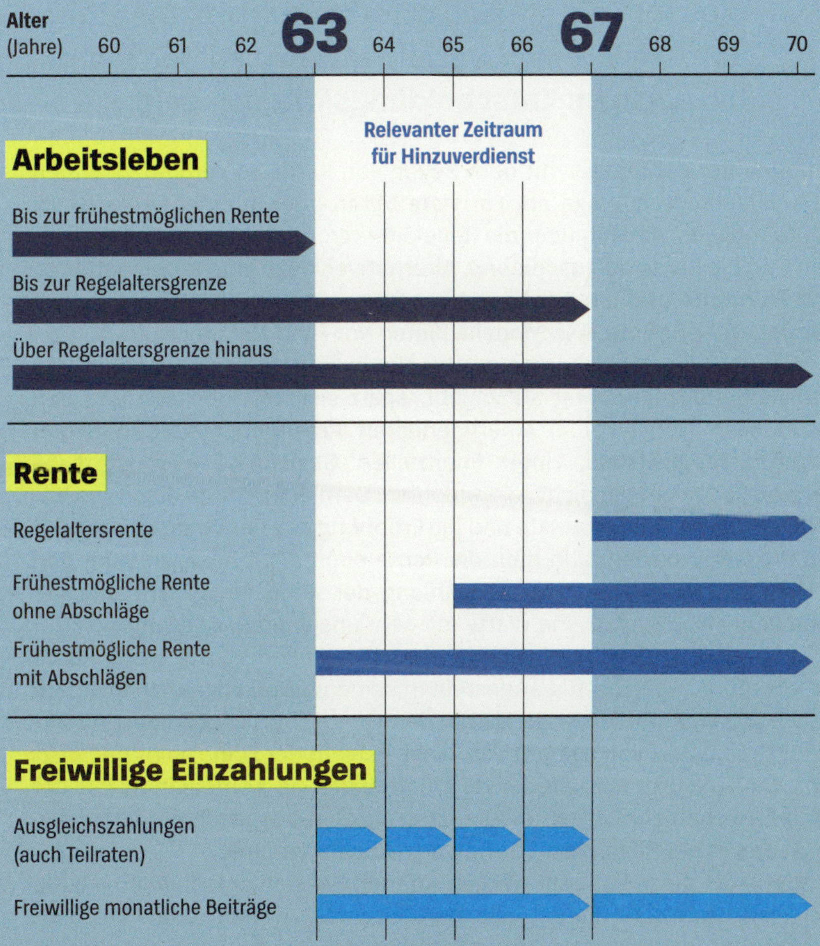

Abwägen: was die Varianten bringen

Ihre Wahlmöglichkeiten sind vielfältig: Häufig existieren mehrere Angebote für eine Rente plus Job, die ähnlich attraktiv wirken. Die Höhe von Steuern und Sozialbeiträgen sollten nicht die einzigen Entscheidungskriterien sein.

Um eine Berufstätigkeit mit dem Bezug von Rente zu verbinden, bieten sich verschiedene Wege an: Für viele Mitarbeiter in einer Firma ist es heute möglich, einfach über die Regelaltersgrenze hinaus im Job zu bleiben und die Rente aufzuschieben. Alternativen dazu sind Kombinationen aus Frührente und Job oder regulärer Rente und Job in Verbindung mit der neuen Aktivrente. Alle Modelle bieten Vor- und Nachteile.

Wer über die Regelaltersgrenze hinaus in seinem alten Job bleibt und den Rentenbezug vorerst aufschiebt, spart sich die Jobsuche und den eventuellen Neustart bei einem anderen Arbeitgeber oder in einem anderen Tätigkeitsfeld. Unter finanziellen Gesichtspunkten ist diese Variante jedoch meist nicht zu empfehlen: Damit der Vorteil durch zusätzlich erworbene Rentenpunkte und die Erhöhung des Rentenanspruchs um 0,5 Prozent pro Monat, in dem die Rente noch nicht bezogen wird, den vorläufigen Verzicht auf die Auszahlung der Rente ausgleicht, müsste man sehr alt werden – eine Wette mit sehr unsicherem Ausgang.

Wer nach Erreichen seiner oder ihrer Regelaltersgrenze seine Rente beantragt und gleichzeitig angestellt in seinem alten oder auch in einem neuen Job weiterarbeitet, kommt in den Genuss der Regelungen zur Aktivrente und darf von seinem Verdienst – der in der Höhe nicht begrenzt ist – bis zu 2000 Euro steuerfrei einstreichen. In Kombination mit der nach Erreichen der Regelaltersgrenze ungekürzt ausgezahlten Altersrente ist das in der Regel die finanziell attraktivste Variante.

Wenn Sie diese Variante wählen, können Sie sich entscheiden, ob Sie freiwillig weiterhin Rentenbeiträge bezahlen wollen oder mit den 9,3 Prozent, die sonst als Arbeitnehmerbeitrag in die Rentenkasse fließen, sofort ihr Nettogehalt erhöhen möchten. Zahlen Sie freiwillig weiter Beiträge, erhöhen Sie hingegen Ihre spätere Rente.

Als dritte Alternative lässt sich eine vorgezogene Altersrente mit einem Job oder Teilzeitjob kombinieren und so ein ordentlicher Einkommensbooster bis zur Regelaltersgrenze zünden. Wenn Sie sich für eine Rente ohne Abschläge nach 45 Versicherungsjahren qualifizieren, lohnt sich diese Möglichkeit auf jeden Fall. Aber auch, wenn Sie für Ihren früheren Renteneintritt mit Abschlägen auf die Rentenzahlung zu rechnen haben, kann sich die Kombination von Frührente und Job auszahlen. Denn die Rente ist dann zwar geringer, fließt aber auch länger. Dieser Zeitvorsprung zahlt sich lange aus. Und mit den deutlich höheren Einnahmen in der Zeit, in der Sie gleichzeitig Frührente und Gehalt beziehen, können Sie sich vor dem eigentlichen Renteneintritt noch Wünsche erfüllen und Pläne verwirklichen. Andererseits werden in diesem Fall auch höhere Steuern und Sozialabgaben fällig – und die Rentenabschläge gelten dauerhaft.

Wenn Sie sich fragen, welche der möglichen Kombinationen aus Rente und Berufstätigkeit für Sie am besten passt, können viele Kriterien zum Tragen kommen: Die Spannweite reicht von Verfügbarkeit und Umsetzbarkeit über mögliche Bindungsfristen bis hin zu geschäftlichen Risiken oder Sinnhaftigkeit und Erfüllung.

Unter den wirtschaftlichen Kriterien spielt die Verdiensthöhe eine zentrale Rolle. Schließlich liegt das erzielbare Einkommen aus der Berufstätigkeit meist deutlich höher als das, was Sie aus der gesetzlichen Rente erhalten. Man muss sich schon sehr anstrengen, um in unserem gesetzlichen Rentensystem wirklich höhere Monatsüberweisungen zusammenzubekommen: Selbst wer über 45 Jahre hinweg jeweils immer den Höchstbeitrag in die Rentenkasse eingezahlt und damit die höchste erreichbare Rentenpunktzahl von 1,9131 pro Jahr gesammelt hätte, erhält mit dem aktuellen Rentenwert (1. Halbjahr 2026) von 40,79 Euro je Entgeltpunkt maximal nur knapp 3 512 Euro im Monat brutto:

$$45 \times 1{,}9131 \times 40{,}79 \text{ Euro} = 3\,511{,}59 \text{ Euro}$$

Das liegt recht weit unter dem für die Rentenkasse relevanten allgemeinen Durchschnittsverdienst von brutto 4 329 Euro (1. Halbjahr 2026).

Das Ziel einer Kombination aus Rente und Job müsste unter dem Aspekt der maximalen Verdiensthöhe somit darin bestehen, möglichst lange zusätzlich zur Rente das gewohnte volle Gehalt zu beziehen oder eine andere Betätigung mit möglichst hohen Verdienstmöglichkeiten im Alter zu finden. Die Kombination aus Rente oder Frührente und dem angestammten Job ist für viele vermutlich leichter umzusetzen, als sich einen neuen Arbeitgeber zu suchen. Im Optimalfall bleibt Ihr Bruttogehalt hier trotz Rentenbezug gleich, mit Geschick könnten Sie es womöglich auch etwas hoch verhandeln. Dennoch werden die erreichbaren Verdiensthöhen im Rentenalter für die Mehrheit limitiert bleiben. Höhere Zusatzverdienste könnte hingegen eine Selbstständigkeit bringen, jedoch verbunden mit nicht zu unterschätzendem organisatorischen Aufwand.

Entscheidungsfindung: Kriterien im Überblick

Je nachdem, welches Kriterium wir anlegen, gelangen wir zu anderen Schlussfolgerungen. Eine allgemeingültige Aussage dazu lässt sich kaum treffen. Welches die beste Verbindung aus Rente und Berufstätigkeit ist, hängt von Ihren persönlichen Prioritäten ab. Die folgenden Kriterien können bei der Entscheidungsfindung helfen:

Einfachheit. Hier liegt die Kombination aus Frührente und Job weit vorne. Denn Sie brauchen dazu eigentlich nur den richtigen Rentenantrag auszufüllen und bis zur Regelaltersgrenze weiterzuarbeiten. Ihr Chef oder Ihre Chefin darf Ihnen wegen des Rentenbezugs nicht kündigen, ja, er oder sie muss von Ihnen nicht einmal darüber informiert werden. Ähnlich leicht ist es für Selbstständige, die Ansprüche auf eine Frührente geltend machen können.

Höchster Steuervorteil. Alle Varianten, die Ihnen Steuerfreiheit oder sehr niedrige Steuerabzüge im Zusatzjob bieten, siegen hier. Für Minijobs und Ehrenämter fallen keine Steuern an, ebenso wenig im Rahmen der neuen Aktivrente für alle, die das reguläre Rentenalter erreicht haben. Die steuerfrei erzielbaren Einkünfte sind zwar begrenzt, aber wenn Sie alles kombinieren, kommen dabei pro Jahr immerhin mehr als 36 500 Euro zusammen (Minijob + Ehrenamt gut 12 500 Euro plus Aktivrente 24 000 Euro). Auch Selbstständige mit Rente können Ihre Steuerlast je nach Art der Tätigkeit durch abzugsfähige Posten sehr niedrig halten.

Niedrigste Sozialabgaben. Hier landen wiederum die drei Sonderformen der Berufstätigkeit auf den vorderen Rängen: Für Minijobberinnen, Ehrenamtler sowie kurzfristig Beschäftigte (vgl. dazu S. 125) sind ihre Tätigkeiten frei von Sozialabgaben. Vergleichsweise gut kommen auch Aktivrentner mit den abgesenkten Tarifen für Sozialbeiträge davon. Ebenso im Vorteil sind Rentner nach Erreichen ihrer Regelaltersgrenze, die eine Vollrente beziehen, da sie nur die Pflegeversicherung und den ermäßigten Beitragssatz zur Krankenversicherung zu zahlen haben. Beiträge zur

Arbeitslosen- und Rentenkasse brauchen sie nicht mehr zu interessieren. Schließlich gehören Privatversicherte mit auf das Siegertreppchen, denn für sie fallen für Zusatzverdienste und sonstige Einkünfte zumindest ab Erreichen der Regelaltersgrenze und bei Bezug einer Vollrente keine zusätzlichen Sozialabgaben auf das bezogene Gehalt an (dafür allerdings oft hohe Beiträge zur Privaten Krankenversicherung).

Maximaler Hinzuverdienst. Zu normalen Frührenten (Rente mit 63 mit Abschlägen sowie Rente nach 45 Versicherungsjahren ohne Abschläge) sowie für Altersrenten, die Sie nach Erreichen Ihrer Regelaltersgrenze beziehen, existiert grundsätzlich keine Hinzuverdienstgrenze mehr.

Verfügbarkeit. Minijobs werden heute beinahe an jeder Straßenecke ausgeschrieben, Facharbeiterinnen und Berater in vielen Unternehmensbereichen dringend gesucht. Das gilt vor allem auch für Handwerker. Zu welcher Form der Zusammenarbeit es dann mit einer Mitarbeiterin oder einem Mitarbeiter im Rentenalter kommt, ist Verhandlungssache. Verkaufen Sie sich und Ihr Know-how nicht unter Wert! Das Angebot für Aktivrentnerinnen und -rentner wird sich erst noch entwickeln (müssen). Nachfragen schadet trotzdem nicht.

Bindungsfristen. Am längsten laufen Arbeitsverträge, in denen für Mitarbeiter und Mitarbeiterinnen nicht einmal das Regelrentenalter oder eine sonstige Begrenzung steht. Den Job haben Sie dann theoretisch lebenslang. Ansonsten sind für Ruheständler Zwei-Jahres-Verträge an der Tagesordnung. Die kürzesten Bindungen an Firmen oder Chefs von manchmal nur wenigen Wochen oder Monaten erlauben naturgemäß Projektarbeiten oder kurzfristige Beschäftigungen.

Geschäftliche Risiken. Bei Selbstständigen sind sie am höchsten, daran ändert auch ein Rentenbezug wenig. Dies lässt sich minimieren, indem Sie Ihre Selbstständigkeit mit einem anderen regelmäßigen Teilzeitjob oder einem Minijob verbinden. Gründungen von GmbHs sind im Rentenalter oft mit Problemen verbunden. Bei angestellten Rentnern nach Erreichen der Regelaltersgrenze kann ein gewisses Risiko der Beschäftigung darin bestehen, dass sie im Falle einer wirtschaftlichen Schieflage des Arbeitgebers als weniger sozial schutzbedürftig eingestuft werden und so bei Entlassungen Ihren Zusatzjob eher verlieren könnten als Jüngere.

Frühestmöglicher Start. Für den Fall, dass Sie im Lebensverlauf möglichst schnell in die Kombination aus Rente und Job einsteigen möchten, ist für die meisten die Frührente mit 63 die beste Variante: Sie kassieren einfach zum laufenden Job Ihre Frührente dazu. Die dafür nötigen 35 Versicherungsjahre bekommen erstaunlich viele Versicherte zusammen. Noch früher können Sie loslegen, falls Sie eine Frührente für schwerbehinderte Menschen erhalten. Das geht auch im Fall einer Erwerbsminderungsrente, allerdings gelten dann Grenzen für einen möglichen Hinzuverdienst, bei deren Überschreiten diese Renten gekürzt werden können.

So wechseln Sie zwischen den Varianten

Wer sagt denn, dass man im Ruhestand auf eine Job-Version festgelegt sein muss? Nutzen Sie die Freiheit zum flexiblen Kombinieren.

Besonders einfach ist es, wenn Sie zunächst aus Ihrer bestehenden Anstellung heraus nach passenden Modifikationen im Arbeitsverhältnis suchen: Bei der Frührente mit Weiterarbeit bis zur Regelaltersgrenze sind Sie wieder fein raus, weil Ihnen der Chef oder die Chefin dabei überhaupt nicht reinreden kann. Sobald Sie über die Regelaltersgrenze hinaus im selben Unternehmen und vielleicht im selben Job bleiben wollen, sieht das allerdings meist anders aus. Sie sind dann auf die Zustimmung des Arbeitgebers angewiesen, falls Ihr Vertrag eine Begrenzung in Bezug auf das Regelrentenalter enthält. Häufig stellt sich für arbeitslustige Rentner in diesen Fällen die Frage nach einem neuen Vertrag, nach Teilzeit oder Vollzeit, nach neuen Aufgabengebieten (zum Beispiel in der Ausbildung von Nachwuchs, in betriebseigenen Schulungseinrichtungen) oder nach einer Vergabe eines Auftrags an Sie als künftigen externen Selbstständigen. Alle diese Formen sind gut mit dem Bezug einer Rente kombinierbar, teilweise überlappend oder gleichzeitig.

Minijob, Ehrenämter und kurzfristige Beschäftigungen können in den Höchstgrenzen immer hinzugenommen werden, um das Einkommen im

Alter aufzubessern. Das ist sogar politisch ausdrücklich erwünscht, denn deshalb wurden die Pauschalen für Ehrenämter ab 2026 etwas angehoben.

Ein Muster für einen aktiven Ruhestand könnte folgerichtig so aussehen, dass Sie zunächst Ihre normale Beschäftigung mit dem Bezug einer Frührente kombinieren und bis zur Regelaltersgrenze fortführen. Anschließend steigen Sie dann mit Zustimmung Ihres Unternehmens steuerbegünstigt auf eine Aktivrente um. An dieser halten Sie so lange fest, wie Sie mögen, und specken dann auf einen Minijob ab.

Grundsätzlich lassen sich alle Jobvarianten bis auf die Sonderformen Minijob, kurzfristige Beschäftigung und Ehrenamt beliebig parallel schalten: Selbstständigkeit, Aktivrente, normaler Hinzuverdienst oder Projektarbeit. Grenzen beim Verdienst gibt es hier nicht.

Wenn Sie die Aktivrente in Anspruch nehmen, bleiben zumindest die ersten 2000 Euro vom Verdienst steuerfrei. Sie sollten lediglich aufpassen, dass Sie keine Konkurrenzschutzklauseln in den Verträgen verletzen. Diese Klauseln können etwa vorsehen, dass Sie nach dem Ende eines Vertrags zunächst einmal für eine gewisse Zeit mit dieser Tätigkeit (oder in dieser Branche) pausieren müssen.

Vorsicht wäre bei einem einzigen Arbeitgeber oder Auftraggeber und mehreren Jobs geboten: Die Finanzbehörden und die Sozialversicherungen könnten hellhörig werden, wenn Sie beispielsweise bei ein- und demselben Unternehmen als Aktivrentner beschäftigt sind, dort zusätzlich einen Minijob ausüben und des Weiteren als Selbstständiger von diesem Unternehmen auch noch Aufträge erhalten. Sie könnten dann der Hinterziehung von Steuern sowie Sozialabgaben verdächtigt werden. Wenn Sie planen, im aktiven Unruhestand mehreren solchen Tätigkeiten gleichzeitig nachzugehen, sollten Sie diese besser auf mehrere Arbeitgeber oder Auftraggeber verteilen.

Bei den Sonderformen Minijob, Ehrenamt und kurzfristige Beschäftigung müssen Sie immer darauf achten, nicht über die Verdienst- oder Zeitgrenzen hinauszuschießen, falls Sie weitere berufliche Tätigkeiten zusätzlich ausüben. Ansonsten gefährden Sie die finanziellen Vorteile aus diesen Beschäftigungsformen und werden ungewollt dann doch voll steuer- und sozialabgabenpflichtig. Im Fall von Ehrenämtern ist es eigentlich egal, welche normalen anderen Verdienste Sie damit noch kombinieren. Sie sollten lediglich vermeiden, die Ehrenamtspauschale und die Übungsleiterpauschale mehrfach anzuwenden. Das funktioniert nämlich nicht.

08

Minijob, Midijob oder Ehrenamt

Der klassische Einstieg: Minijob

Sie möchten zu Ihrer Altersrente brutto für netto etwas hinzuverdienen? Oder Sie wollen einmal testen, wie es mit einer Kombination aus Rente und Job laufen könnte? Dann kann ein Minijob eine interessante Möglichkeit sein.

Der Favorit unter beschäftigen Ruheständlern ist derzeit ganz klar noch der Minijob. Eine große Mehrheit von gut 1,2 Millionen unter den jobbenden Rentnerinnen und Rentnern entschied sich bisher für diese besonders praktische und lukrative Arbeitsvariante. Denn: Steuern und Sozialabgaben können hier komplett entfallen, man erhält sein Zusatzgehalt also brutto für netto.

Das Angebot an Minijobs wechselt zwar von Saison zu Saison sehr schnell, doch die Auswahl quer durch alle Branchen sowie bei Privathaushalten ist weiterhin riesig: Anfang 2025 waren immerhin 6,9 Millionen solcher Mikrobeschäftigungen bei der Minijob-Zentrale gemeldet. Die Beschäftigungsangebote stehen oftmals gar nicht in Jobportalen im Web, sondern eher in kleineren lokalen Anzeigenblättern, sie kleben an öffentlichen und privaten Schwarzen Brettern oder hängen als handgeschriebene Zettel in Eingangstüren von Geschäften. Es sollte somit keine großen Schwierigkeiten bereiten, eine passende Tätigkeit als Minijob aufzuspüren oder einmal zu testen.

Der große Nachteil bleibt natürlich die vergleichsweise geringe Höhe des Verdienstes. Dazu kommen einige Auflagen, die Sie kennen sollten, bevor Sie einen Minijobvertrag unterschreiben.

Minijob: Mehr drin als gedacht

Die Limits bei Minijobs sind fest verbunden mit dem gesetzlichen Mindestlohn, und deshalb können sie sich auch immer wieder ändern. Die Verdienstgrenze im Minijob nennt sich im Fachdeutsch „Entgeltgeringfügigkeitsgrenze". Sie klettert ab dem Jahr 2026 von zuvor 556 Euro im Monat auf 603 Euro. Für 2027 steht ein weiteres kleines Gehaltsplus an: 633 Euro sind dann im Rahmen der Vergünstigungen für solche Mikrobeschäftigungen drin. Die Ursache für die Steigerungen ist der Mindestlohnmechanismus, denn steigt dieser, so steigt auch die Gehaltsgrenze im Minijob. Ab 2026 gilt ein bereits beschlossener Mindestlohn in Höhe von 13,90 Euro pro Stunde, ab 2027 erhalten Beschäftigte mindestens 14,60 Euro für jede Arbeitsstunde.

Bis September 2022 galt die altbekannte Minijobgrenze von 450 Euro – und zwar unabhängig vom jeweiligen Mindestlohn. Im Zweifelsfall musste dann die Arbeitszeit der Minijobber reduziert werden, um die Grenze einzuhalten. Das erzeugte jedoch viel Unmut, denn die Minijobber sahen sich oftmals genötigt, für ihr schmales Gehalt unbezahlte Überstunden zu schieben, um ihre Anstellung nicht zu verlieren. Seither greift eine dynamische Obergrenze für Minijobs, die sich an einer Arbeitszeit von jeweils zehn Stunden pro Woche zum aktuell gültigen Tarif des Mindestlohns orientiert und daraus dann die jeweilige Minijobgrenze errechnet.

AUF DIE LOHNHÖHE ACHTEN. Sobald der Mindestlohn in den kommenden Jahren weiter steigt, erhöht sich gleichermaßen die Minijobgrenze. Als Folge braucht die vertraglich vereinbarte Arbeitszeit nicht mehr reduziert zu werden, falls Sie als Beschäftigter auch Mindestlohn erhalten. Sie sollten allerdings darauf bestehen, dass dann die Höhe Ihrer Bezahlung im Vertrag entsprechend angeglichen wird.

Einige Ausnahmen von der Mindestlohnregelung existieren dennoch: Für Minderjährige wie Schüler und Schülerinnen können Chefs eine geringere Entlohnung vorsehen, ebenso für Auszubildende oder Praktikanten. Relevanter für Ruheständler ist die Ausnahme für Beschäftigte in Ehrenämtern (mehr dazu ab Seite 129).

Bestimmte Branchen tanzen aus der Reihe und zahlen zum Großteil deutlich höhere Mindestlöhne: beispielsweise im Dachdeckerhandwerk, bei Gebäudereinigung, Gerüstbauern, Elektrohandwerkern oder Schornsteinfegern.

Fall Sie nun meinen, mit 603 Euro Minijobgehalt im Monat sei 2026 Schluss oder mit 633 Euro monatlich im Jahr 2027, so irren Sie sich. Dieses Vorurteil hält sich hartnäckig selbst unter erfahrenen Minijobbern und ihren Chefs. Das deutsche Sozialgesetzbuch (SGB) nennt dagegen eine klare Öffnungsklausel für mehr Verdienst als Minijobber. Im SGB IV, Paragraph 8, lautet der Absatz 1b so: „... Ein unvorhersehbares Überschreiten der Geringfügigkeitsgrenze steht dem Fortbestand einer geringfügigen Beschäftigung (…) nicht entgegen, wenn die Geringfügigkeitsgrenze innerhalb des für den jeweiligen Entgeltabrechnungszeitraum zu bildenden Zeitjahres in nicht mehr als zwei Kalendermonaten um jeweils einen Betrag bis zur Höhe der Geringfügigkeitsgrenze überschritten wird …" In der Folge dürfen Sie also im Jahr 2026 insgesamt 8442 Euro im Minijob hinzuverdienen:

603 Euro × 12 Monate	= 7236 Euro
+ 2 × 603 Euro unvorhersehbares Ereignis	+ 1206 Euro
Maximal möglicher Hinzuverdienst:	= 8442 Euro

Im Jahr 2027 wird diese Summe dann auf 8862 Euro steigen. Voraussetzung ist, dass diese zusätzliche Beschäftigung mit dem zusätzlichen Einkommen „unvorhersehbar" und „gelegentlich" stattfand. Dies kann etwa geschehen, falls Kolleginnen oder Kollegen erkranken oder es besonders viel zu tun gibt, weil die Nachfrage oder der Kundenandrang einmal überraschend groß sind. Es kommt mitunter vor, dass das Finanzamt hier einmal eine genaue Begründung für Ihren so kassierten Gehaltsaufschlag im Minijob oberhalb der regulären Grenze erläutert haben möchte. Sie sollten dann eine plausible Erklärung oder eine schriftliche Bestätigung Ihres Arbeitgebers dazu parat haben. Daher sollte Ihr Minijobvertrag auch diese zusätzlich möglichen zwei Extra-Monatsgehälter nicht gleich ausdrücklich als feste Zusage enthalten.

Bei schwankenden Gehältern darf der monatliche Verdienst sogar häufiger als zwei Mal im Jahr gerissen werden. Zu beachten wäre dann jedoch eine strikte Jahresobergrenze von 7236 Euro (für 2026) und 7596 Euro (für 2027).

Minijob im Ruhestand: Auf die Rente kommt es an

Wie viel Sie im Minijob ohne Abzüge beziehungsweise Verrechnung verdienen können, hängt auch von der Art Ihrer gewählten Rente ab. Zusätzlich zur Altersrente – also Früh- und Regelrente – dürfen Sie grundsätzlich so viel hinzuverdienen, wie Sie wollen. Ihre individuelle Regelaltersgrenze spielt dann keine Rolle. Ob Sie einen Minijob oder eine höher bezahlte Beschäftigung ausüben, ist ebenfalls unwichtig.

Sie dürfen Ihre gesetzliche Rente ohne Kürzungen und Verrechnungen mit dem Extraverdienst kassieren. Für andere Rentenarten sowie für besondere Berufsgruppen gilt dies allerdings nicht, hier greifen jeweils bestimmte Sonderregelungen, die wir im Folgenden in knapper Form erläutern.

Das gilt für Erwerbsminderungsrenten. Es gibt jedes Jahr eine Neufestlegung der Hinzuverdienstgrenzen, doch gegenwärtig liegen diese mit spürbarem Abstand oberhalb der Geringfügigkeitsgrenze. Bei voller Erwerbsminderung sind es 20 763,75 Euro im Jahr. Die Mindesthinzuverdienstgrenze bei teilweiser Erwerbsminderung beträgt 41 527,50 Euro im Jahr (2026). Ein Minijob zusätzlich ist somit völlig unschädlich.

Das gilt für Hinterbliebenenrenten. Für alle, die eine Witwen- oder Witwerrente beziehen, legen Freibetragsgrenzen den akzeptierten Hinzuverdienst fest. Seit Juli 2025 wird die Hinterbliebenenrente dann nicht mit einem zusätzlichen Erwerbseinkommen verrechnet, wenn dieses unter der Grenze von 1076,86 Euro im Monat liegt. Eltern erhalten für jedes Kind einen Aufschlag von 228,42 Euro. Die Grenzwerte sind zunächst bis Juni 2026 festgesetzt. Wahrscheinlich steigen sie dann weiter. Grenzenlos hinzuverdienen dürfen Waisen, doch dies dürfte im Rentenalter kaum mehr eine Rolle spielen. Ein Minijob ist in jedem Fall also sehr gut kombinierbar.

Für ehemalige Beschäftigte im Bergbau gelten weitere Sonderregelungen: Sie beziehen meist die sogenannte Knappschaftsausgleichsleistung ab dem 55. Lebensjahr als Rente und haben hierzu ebenfalls eine Hinzuverdienstgrenze, die jährlich angepasst wird. 2025 lag sie bei 19 661,25 Euro und dürfte steigen. Ein Minijob ist auch hier kein Problem.

Beamtinnen und Beamte im Ruhestand dürfen vor dem Erreichen ihrer relevanten Altersgrenze ebenfalls einen gewissen Extraverdienst einstreichen. Die zulässige Höhe richtet sich nach ihrer Dienstaltersstufe, nach dem Ruhegehaltssatz sowie nach der erreichten Besoldungsgruppe. Bei Beamtinnen und Beamten im Ruhestand kann die Kombination mit einem Minijob zu einer Kürzung der Bezüge führen, vor allem, wenn der Beamte oder die Beamtin vorzeitig aufgrund von Dienstunfähigkeit in den Ruhestand gegangen ist (Unfälle im Dienst zählen nicht hierzu). Es ist anzuraten, die Möglichkeiten und Grenzen mit Ihrer zuständigen Dienststelle zu klären.

Der entscheidende Vorteil von Minijobs war es bisher, dass Sie unter Umständen keine Steuern und Sozialabgaben zu zahlen brauchen. Das könnte sich durch die Aktivrente ändern, denn auch viel besser bezahlte Midijobs bieten hier jetzt mitunter Vorteile.

Minijob und das Finanzamt

Wer als Ruheständler oder Ruheständlerin in einem Minijob arbeitet, muss für sein Gehalt in der Regel keine Steuern an das Finanzamt entrichten. Trotzdem ist der Minijob grundsätzlich steuerpflichtig, und zwar mit 2 Prozent als Pauschalsteuer. Bei 603 Euro Maximalgehalt monatlich im Jahr 2026 wären dies also 12 Euro. Doch diese Summe übernehmen die meisten Arbeitgeber, und darauf sollten Sie auch bestehen. Der Minijob spielt dann für Sie bei der Steuererklärung keine Rolle mehr.

Sobald Sie allerdings neben der Rente einer Beschäftigung mit Sozialversicherungspflicht als Haupttätigkeit nachgehen und im Jahr 2026 mehr als 603 Euro im Monat verdienen, kann sich wieder eine Steuerpflicht ergeben.

FAHRTKOSTEN zur Arbeitsstelle können sich Minijobber ebenfalls vom Chef oder der Chefin erstatten lassen, ohne dass dies ihr Gehalt mindert. Das funktioniert dann als Fahrtkostenerstattung mit der Einreichung von Belegen oder unkomplizierter als meist pauschalierter Fahrtkostenzuschuss.

Sozialabgaben im Minijob

Die Sozialbeiträge muss im Minijob der Arbeitgeber tragen. Aber: Es gibt eine wesentliche Unterscheidung bei den Rentenversicherungsbeiträgen. Neu-Rentner können diese meist abwählen und sich so den Beitrag sparen. Entscheidend kann sein, wann der Altersvollrentner zum ersten Mal einen Minijob angetreten oder seine Rente bezogen hat: vor oder nach dem 1. Januar 2017?

Die gute Nachricht: in den meisten Fällen dürfen sich Minijobber und Minijobberinnen auch dann noch von der Rentenversicherungspflicht auf Antrag bei der Rentenversicherung befreien lassen (siehe „Wann müssen Minijobber in die Rentenkasse einzahlen?", Seite 124). Wer seine Regelaltersgrenze noch vor sich hat, wäre auch im Minijob ganz regulär rentenversicherungspflichtig. Von der Rentenversicherungspflicht können Sie sich aber befreien lassen, und zwar für die gesamte Dauer des Arbeitsvertrags. Damit fällt Ihr Eigenanteil weg, Ihr Arbeitgeber zahlt den Pauschalbeitrag weiterhin. Ein Muster für die Verzichtserklärung finden Sie zum Beispiel bei der Minijobzentrale unter minijob-zentrale.de. Die Verzichtserklärung geben Sie bei Ihrem Arbeitgeber ab, er regelt das Weitere mit der Rentenversicherung.

Wann müssen Minijobber in die Rentenkasse einzahlen?

Häufig haben Minijobber die Wahl, ob sie weiter in die Rentenkasse einzahlen möchten oder nicht. Für Altersvollrentner gilt ein neues Recht seit 2017. Je nachdem, wann die Rente startet und seit wann ein Minijob ausgeübt wurde, kommen auf die aktiven Rentner weitere Pflichtbeiträge zu oder nicht.

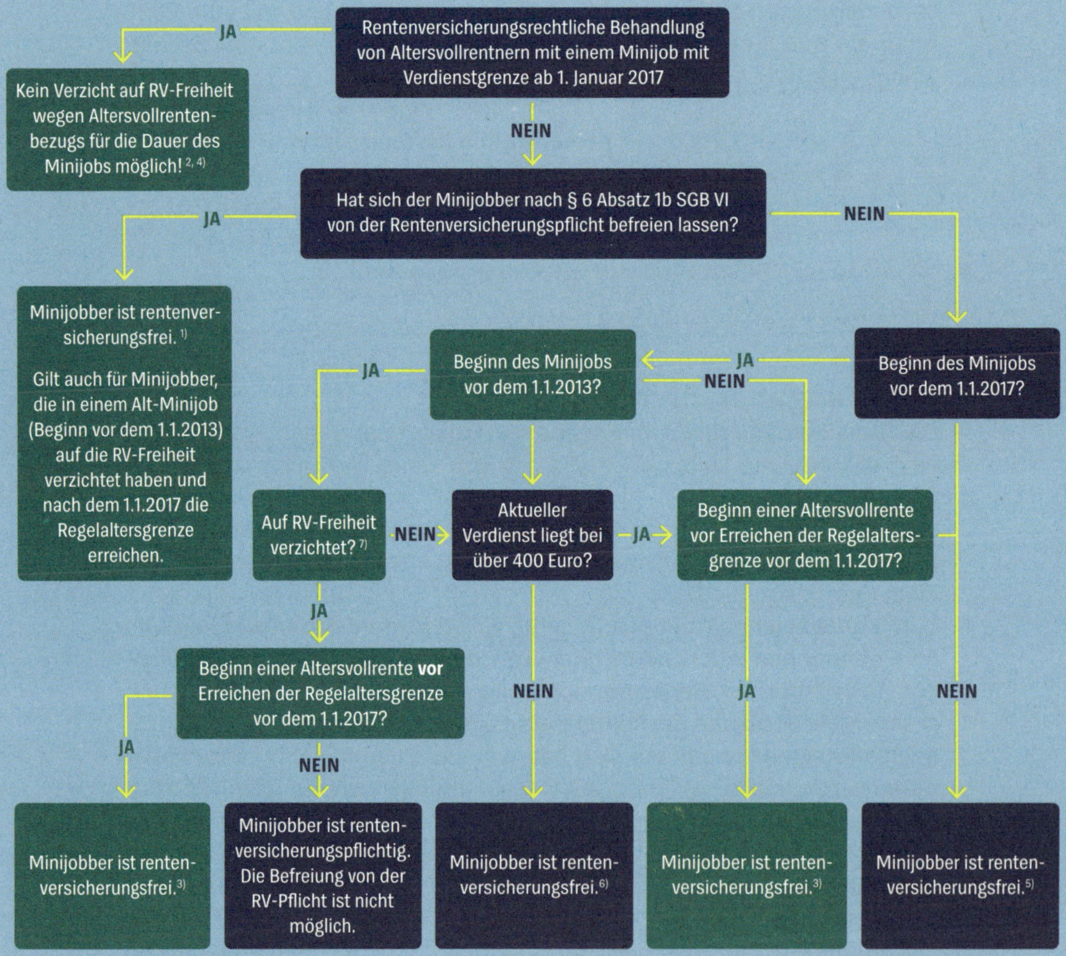

Haben Sie Ihre Regelaltersgrenze überschritten, ist es andersherum: Sie sind nicht rentenversicherungspflichtig, können aber freiwillig Beiträge in die Rentenkasse einzahlen und so Ihre Rente erhöhen. Unser Musterfall Monika zeigt, dass sich das auf niedrigem Niveau recht schnell lohnen kann (vgl. Seite 89).

Kurzfristige Beschäftigung und Midi-Job

Die kurzfristige Beschäftigung gilt als geringfügig, doch das muss sie beim Gehalt überhaupt nicht sein. Hier spielt die Dauer die entscheidende Rolle. Auch wer sich für kürzere Jobs oder für eine Projektarbeit interessiert, kann profitieren.

Eigentlich könnte man die kurzfristige Beschäftigung, diese Sonderform in der deutschen Arbeitswelt, auch als Minijob ohne Verdienstlimit bezeichnen. Denn: Es gelten für eine kurzfristige Beschäftigung (nach Paragraph 8 Abs. 1 Nr. 2 SGB IV) eigentlich nur zwei zusätzliche Kriterien. Zum einen darf die Tätigkeit im Lauf eines Kalenderjahrs nicht länger als drei Monate am Stück oder 70 Arbeitstage oder maximal 90 Kalendertage dauern. Und zum anderen muss es sich um eine Tätigkeit handeln, die nur gelegentlich ausgeübt wird. Sie darf also keineswegs regelmäßig oder von Dauer sein. Sie dürfen durchaus auch zwei oder mehreren solcher kurzfristigen Beschäftigungen nachgehen, jedoch zusammen gerechnet immer nur bis zur Maximalgrenze an Monaten oder Arbeitstagen innerhalb eines Kalenderjahrs.

Das Beste an der kurzfristigen Beschäftigung: Es gilt kein Verdienstlimit, und die im Vergleich zum Minijob niedrigeren Sozialabgaben hat

Erläuterungen siehe Seite 152

komplett Ihr Arbeitgeber zu tragen. Damit könnten Sie einen besonders hohen Extraverdienst auch im Ruhestand etwa für hoch qualifizierte Aufgaben oder für Ihr Expertenwissen vorteilhaft auf maximal 70 Arbeitstage oder 90 Kalendertage konzentrieren. Diese Lösung kann für Sie in Frage kommen, falls Sie es auf einen schnellen Hinzuverdienst ohne längere Laufzeit abgesehen haben. Womöglich wollen Sie ja im Ruhestand ohnehin nicht länger als drei Monate im Jahr tätig sein? Da die Regelung kalenderjährlich gilt, könnten Sie auch in jedem neuen Kalenderjahr eine neue kurzfristige Beschäftigung aufnehmen. Allerdings darf die Tätigkeit „bei vorausschauender Betrachtung" nie von vornherein auf eine ständige Wiederholung angelegt sein. Wechseln Sie dann besser von Jahr zu Jahr den Arbeitgeber oder setzen Sie ein Jahr aus.

Berufsmäßig oder nicht?

Eines ist zu beachten: Bei einer kurzfristigen Beschäftigung ohne Verdienstlimit bekommen Sie es mit an Sicherheit grenzender Wahrscheinlichkeit wieder mit dem Fiskus zu tun. Anders als bei klassischen Minijobs mit Gehaltsobergrenze bleiben Verdienste aus kurzfristigen Beschäftigungen ohne Gehaltslimit nämlich nicht steuerfrei. Sie unterliegen der Pauschalversteuerung in Höhe von 25 Prozent (zuzüglich Solidaritätszuschlag und eventuell Kirchensteuer). Es können auch niedrigere Steuersätze zur Anwendung kommen, falls Ihre individuellen Merkmale auf der elektronischen Steuerkarte dies zulassen. Prüfen Sie deshalb vor dem Start des Kurzfrist-Jobs mit der Personalabteilung oder mit Ihrer zuständigen Finanzbeamtin, mit welchem Steuersatz Sie zu rechnen haben. Das kann dann mitentscheidend sein, ob das Jobangebot für Sie überhaupt infrage kommt oder ob Ihre Chefin beim Verdienst noch einmal etwas obendrauf legen sollte. Es ist bei Ruheständlern und Ruheständlerinnen ja nicht unüblich, dass sie auch mal einen Steuersatz von unter 25 Prozent haben. Des Weiteren können Sie aus dieser kurzfristigen Arbeitsbeziehung natürlich in der Steuererklärung zahlreiche Kosten und Aufwand in Verbindung mit der Berufstätigkeit gegenrechnen und so Ihre Steuerlast drücken.

Die Wahl der Pauschalsteuer kann sich vor allem bei höheren Einkommensklassen auch im Alter trotzdem durchaus rechnen. Für die Inanspruchnahme gelten aber strengere Regeln als bei der Wahl Ihres individuellen Steuersatzes: Sie dürfen beim selben Arbeitgeber nur gelegentlich und nicht regelmäßig tätig sein, Sie dürfen nicht länger als 18 zusammenhängende Arbeitstage beschäftigt sein (arbeitsfreie Samstage, Sonn- und Feiertage sowie Krankheits- und Urlaubstage zählen nicht mit) und Sie dürfen höchstens 19 Euro Stundenlohn oder im Schnitt maximal 150 Euro für jeden Arbeitstag erhalten.

Entscheidend für die Inanspruchnahme der Vorteile aus einer kurzfristigen Beschäftigung ist das zu erfüllende Kriterium, wonach der Job „nicht berufsmäßig" sein darf. Er darf also nicht die Haupteinnahmequelle darstellen. Die Minijobzentrale geht davon aus, dass es sich quasi automatisch um keine berufsmäßige Tätigkeit handelt, sobald jemand beispielsweise noch einer anderen Hauptbeschäftigung nachgeht, selbstständig ist oder Vorruhestandsgeld bezieht. Ebenso gelten arbeitsrechtlich in diesem Sinn alle Altersvollrentner oder Erwerbsminderungsrentner per se als unverdächtig und können die Vorzüge der kurzfristigen Beschäftigung für sich nebenher in Anspruch nehmen.

Aktivrente verdrängt den Midijob

Die neue Aktivrente wird zumindest für reguläre Ruheständler das besondere Arbeitsmodell eines Midijobs verdrängen. Der Vorteil eines Midijobs, genauer: „Midi-Job mit reduzierten Sozialversicherungsbeiträgen", besteht ja darin, dass – wie bei der neuen Aktivrente – oberhalb der Minijobgrenze von 603 Euro im Monat (2026) bis 2000 Euro hinzuverdient werden darf, ohne dass die sonst gültigen Höchstsätze für Steuern und Sozialabgaben fällig werden.

Midijobs heißen auch Übergangsbereich oder Gleitzone, weil Steuern und Abgaben bis 2000 Euro im Monat langsamer ansteigen. Damit sticht gleich der entscheidende Nachteil hervor: Während der Verdienst aus einer Aktivrente komplett steuerfrei bleibt, ist er beim Midijob lediglich steuerlich reduziert. Etwas geringere Steuern fallen bei Midijobbern trotzdem an. Midijobs dürfen Sie nicht beliebig kombinieren, sondern nur einen solchen wählen. Eine besondere Berechnungsformel sorgt dafür, dass die Steuerlast eigentlich vor allem im unteren Bereich des Midijobs wesentlich geringer ausfällt als im oberen Bereich nahe der 2000er-Schwelle.

Midijobber sollten laut der Vereinigten Lohnsteuerhilfe (VLH) aufpassen, nicht in die ungünstige Steuerklasse VI zu geraten. Diese Steuerklasse VI gilt bei Arbeitnehmenden, die parallel von mehreren Arbeitgebern Arbeitslohn beziehen. Für das weitere Dienstverhältnis hat die auszahlende Stelle dann nach Steuerklasse VI abzurechnen. Hierzu zählen auch Versorgungsbezüge wie zum Beispiel Pensionen, Wartegelder, Ruhegelder, Witwen- und Waisengelder (§ 19 Abs. 1 Nr. 2 EStG).

Gesetzliche Renten hingegen gelten als sonstige Einkünfte (nach § 22 EStG) und werden ohne Lohnsteuerabzug ausgezahlt. Eine mögliche

Besteuerung erfolgt erst im Rahmen einer Einkommensteuerveranlagung. Bezieht ein Rentner oder eine Rentnerin aus lediglich einem weiteren Beschäftigungsverhältnis Arbeitslohn, so wird dieser nicht automatisch mit der Lohnsteuerklasse VI abgerechnet. Erst wenn die Rentenbezieherin einen sozialversicherungspflichtigen Job (auch ein Midijob zählt) und eine weitere Beschäftigung hat, die kein Minijob ist, wird diese weitere Beschäftigung in der Steuerklasse VI abgerechnet. Bei 1000 Euro Gehalt aus dem Midijob wären in diesem ungünstigsten Fall etwa 127 Euro Lohnsteuer fällig. Nach Abzug von Kranken- und Pflegeversicherung blieben noch 761 Euro netto. Vermeiden Sie also im Midijob als Rentner, wo immer möglich, die Steuerklasse VI. Die Aktivrente ist für Sie besser.

Für die Sozialabgaben gelten weitere Sonderregelungen. Obwohl sie nur einen reduzierten Beitrag zur Rentenversicherung zahlen, erhalten Midijobber den vollen Rentenbeitrag ihres Bruttogehalts bis zu 2000 Euro gutgeschrieben. Weniger Schutz enthält indes der reduzierte Beitrag für die Arbeitslosenversicherung: Man erwirbt nur Ansprüche in Höhe der ermäßigten Beiträge.

Midijobs für Frührentner

Midijobber mit geringen Einkünften zahlen normalerweise besonders ermäßigte Sozialbeiträge. Die gelten aber auch für Aktivrentner. Also bleibt die Frage, für wen Midijobs im Alter dann eigentlich noch interessant sein könnten. Hier stößt man auf Frührentner, die mit 63 mit Abschlägen oder zwei Jahre vor Erreichen ihrer Regelaltersgrenze ohne Abschläge ihre Rente kassieren. Denn sie sind ja per definitionem von der Aktivrente ausgeschlossen. Die zweitbeste Variante wäre als nächstes für sie ein Midijob. Sie können dann in der sogenannten Gleitzone zwischen Minijob-Obergrenze von monatlich 603 Euro (2026) und 2000 Euro immerhin von ermäßigten Steuersätzen und gedämpften Sozialbeiträgen profitieren.

Wie viel für Sie als Midijobber übrig bleibt, können Sie leicht mit unserem Brutto-Netto-Rechner herausfinden, der auch die Gleitzone beinhaltet: test.de/gehaltsrechner.

Ehrenamt: der Nebenjob mit Ansehen

Sie sind Vorstand in einem Verein? Oder leiten einen Chor? Oder Sie organisieren Vorleseabende für Kinder? Viele ehrenamtliche Tätigkeiten lassen sich sehr gut im Rentenalter ausüben. Dafür gibt es manchmal auch finanzielle Anerkennung.

Es sind beeindruckende Zahlen: Fast 40 Prozent der Bundesbürger und Bundesbürgerinnen engagieren sich in einem Ehrenamt. Eine genaue Definition, was Ehrenamt eigentlich bedeutet, existiert gar nicht. Vielleicht ist das auch gut so, denn die Aufgabenstellungen wachsen dynamisch wie eine Gesellschaft. Am ehesten könnte man unter dem Oberbegriff „Ehrenamt" Tätigkeiten summieren, die selbstbestimmt und ohne eine finanzielle Gewinnabsicht ausgeführt werden und dem Gemeinwohl dienen. Begriffe wie „bürgerschaftliches Engagement", „Freiwilligenarbeit" oder auch „Non-Profit-Dienste" umschreiben heute häufig Ehrenämter.

Die Tätigkeiten im Ehrenamt reichen von einmaligen Kleidersammelaktionen im Ort über Dienste bei Jugendorganisationen, in Natur- und Tierschutz, in der Nachbarschaftshilfe, dem Einsatz bei der Freiwilligen Feuerwehr und im Katastrophenschutz bis hin zu Besuchsdiensten für alleinstehende Menschen mit genauen Stundenplänen oder Auslandseinsätzen bei Entwicklungshilfeprojekten. Große Teile unseres gesellschaftlichen Lebens funktionieren nur, weil Menschen ehrenamtlich arbeiten. Viele Menschen stoßen erst in der Phase des Ruhestands dazu, wenn sie endlich die Verpflichtungen ihres Arbeitslebens hinter sich lassen konnten.

Mittlerweile sehen immer mehr freiwillige ehrenamtliche Aufgaben eine gewisse Vergütung oder Aufwandsentschädigung in Geld vor. Davon wird man sicher nicht reich, doch es ist für die Engagierten ein willkommenes Taschengeld. Außerdem lassen sich Ehrenämter gut mit anderen Sonderformen der Erwerbstätigkeit auch im Rentenalter kombinieren.

SIE MÖCHTEN MITHELFEN? Bei der Suche nach einer für Sie passenden ehrenamtlichen Tätigkeit sollten Sie sich zuerst bei den lokalen Freiwilligenagenturen erkundigen. Diese kennen die Bedarfe am Ort am besten. Eine bundesweite Freiwilligendatenbank unterhalten etwa die Aktion Mensch, die Diakonie oder die Caritas. Mehr Informationen unter buergergesellschaft.de. Wer auch für internationale Einsätze zur Verfügung steht, erkundigt sich beim Senior-Expert-Service (ses-bonn.de).

Die Ehrenamtspauschale

Sie dürfen im Ehrenamt ohne besondere steuer- oder sozialversicherungsrechtliche Vorgaben im Rahmen von Freibeträgen abgabenfreie Aufwandsentschädigungen als Pauschalen erhalten. Die Ehrenamtspauschale (auch Ehrenamtsfreibetrag genannt) liegt derzeit bei 960 Euro im Jahr oder 80 Euro pro Monat (2026). Hiervon werden keine Steuern und Sozialbeiträge abgezogen. Daran ändert sich auch nichts, wenn Sie eine Altersrente beziehen. Worin Ihre Tätigkeit im Ehrenamt im Einzelnen besteht und wo Sie sich engagieren, bleibt ohnehin Ihre Sache. Die Bedingung ist lediglich, dass es sich um eine nebenberufliche Tätigkeit in einer gemeinnützigen Einrichtung oder in einem gemeinnützigen Verein handelt. Sie könnten sich zum Beispiel Ihrem lokalen Fußballverein als Kassenwart zur Verfügung stellen, dann könnten Sie für diese Tätigkeit die 960 Euro im Jahr als zusätzliches Taschengeld erhalten. Parteien und Gewerkschaften bleiben vom Ehrenamtsprivileg übrigens ausgeschlossen.

Die Übungsleiterpauschale

Für einige Ehrenämter vor allem im pädagogischen Bereich erhalten Sie eine höhere Aufwandsentschädigung, die sogenannte Übungsleiterpauschale. Nebenberufliche Ausbilder, Trainerinnen, Chorleiter oder Vortragsreferentinnen nehmen diese häufig in Anspruch. Sie gilt ebenso für die Pflege älterer, kranker oder behinderter Personen im Nebenjob. Als Spielkreis- oder Ferienbetreuer, Betreuerin in Kirchen und Kulturstätten oder im Umwelt- und Katastrophenschutz sowie als Künstler oder Künstlerin in Vereinen können Sie ebenfalls davon profitieren. Aus der Übungsleiterpauschale können Einnahmen in Höhe von 3300 Euro pro Jahr oder 275 Euro im Monat steuerfrei und sozialabgabenfrei bezogen werden (2026). Es gilt die gleiche Voraussetzung wie für den Bezug der

Ehrenamtspauschale: Ihren freiwilligen Job für die Allgemeinheit müssen Sie bei einer gemeinnützigen Organisation ausüben. Rechtliche Betreuer und Fürsorgepflegerinnen, die ehrenamtlich tätig sind, erhalten die 3300-Euro-Pauschale gleichermaßen.

Für ehrenamtlich tätige Kommunalpolitiker und -politikerinnen wie Stadt- und Gemeinderäte, Bürgermeisterinnen und Bürgermeister können sogar noch höhere Entschädigungen gewährt werden. Diese orientieren sich oft an der Einwohnerzahl oder Größe der betreffenden Gemeinde und sind zumindest teilweise steuerfrei.

MEHRERE EXTRAJOBS. Sie dürfen auch mehrere Ehrenämter parallel ausüben und können so die Ehrenamtspauschale plus Übungsleiterpauschale beziehen, mithin bis zu 4260 Euro im Jahr. Das reicht Ihnen noch nicht? Dann verbinden Sie beide Ehrenämter doch mit einem weiteren Minijob. Ihr jährliches Extraeinkommen zur Rente könnte dann im Jahr 2026 bis auf 12702 Euro klettern (siehe Rechnung unten). Steuern und Sozialbeiträge können Sie sich dann sparen.

Steuerfrei und ohne Sozialabgaben mit Ehrenamt und Minijob zur Rente hinzuverdienen

Ehrenamtspauschale: 80 Euro x 12	= 960 Euro
+ Übungsleiterpauschale: 275 Euro x 12	+ 3300 Euro
+ Gehalt aus Minijob: 603 Euro x 12	+ 7236 Euro
+ Zuschlag zum Minijob (unvorhergesehene Mehrarbeit) für max. 2 Monate: 603 x 2	+ 1206 Euro
Maximal insgesamt im Jahr möglich:	12702 Euro

Oft bekleiden Engagierte ihr Ehrenamt über viele Jahre oder Jahrzehnte und halten daran auch noch einige Zeit im Ruhestand fest. Da man zur Altersrente ja beliebig hinzuverdienen darf, lohnen sich auf niedrigem Niveau natürlich auch ein abgabenfreies Ehrenamt oder mehrere solcher Tätigkeiten sowie eine Kombination mit Minijob.

Unser Beispielfall Peter trainiert als fitter Rentner die Seniorengruppe im Tischtennisverein. Dafür erhält er eine Aufwandsentschädigung von 3000 Euro im Jahr. Zusätzlich übernimmt er die Funktion des Vereinskassierers und erhält dafür weitere 840 Euro pro Jahr. Ein Minijob in einer benachbarten Bäckerei bringt ihm zusätzlich bis zu 8442 Euro im Jahr 2026 aufs Konto, weil er auch öfters für kranke Kollegen einspringt. Insgesamt streicht er so bis zu 12282 Euro im Jahr ohne Abzüge für Steuern oder Sozialversicherungen neben seiner Rente ein.

Weitere Vorteile im Ehrenamt

Für engagierte Mitbürger in Ehrenämtern haben laut Bundessozialministerium mittlerweile alle Bundesländer eine private Haftpflichtversicherung abgeschlossen. Über lange Jahre geriet der Aspekt aus dem Blickfeld, dass ehrenamtlich Tätige ja ein hohes privates Haftungsrisiko eingehen, sollten ihnen Fehler unterlaufen oder andere Personen während der Ausübung ihrer Tätigkeit Schaden nehmen. Ein großer Teil der ehrenamtlich Tätigen ist zudem automatisch in der gesetzlichen Unfallversicherung für den Fall der Fälle abgesichert. Das ist wichtig, denn die gesetzliche Unfallversicherung leistet mehr als die Krankenversicherung. Neben der ärztlichen Heilbehandlung (inklusive Spezialkliniken oder Rehakliniken) bietet sie weitere Zusatzleistungen. So wird notfalls etwa die Wohnung barrierefrei umgebaut oder ein behinderungsgerechtes Auto gestellt. Sollte die Ehrenämtlerin gar arbeitsunfähig werden, dann wird ein Verletztengeld gezahlt, gegebenenfalls eine Unfallrente.

RUHIGER SCHLAFEN IM EHRENAMT. Wenn Sie eine private Haftpflichtversicherung abgeschlossen haben, sind Sie meist auch durch diese geschützt, denn eine ehrenamtliche Tätigkeit ist in vielen Tarifen eingeschlossen. Allerdings hat die Absicherung im Regelfall Grenzen, sodass der private Versicherer zum Beispiel nur bei freiwilliger und unentgeltlicher Tätigkeit einspringen würde. Zudem darf es sich meist nicht um eine hoheitliche und/oder verantwortliche Tätigkeit handeln.

Fragen Sie dazu jedoch unbedingt bei dem Verein oder der Organisation nach, für die Sie ehrenamtlich tätig sind, ob Sie bei Ihrem Einsatz gesetzlich oder privat unfallversichert sind und welche Haftpflichtversicherung einspringt, falls Sie einmal einen Schaden verursachen – auch wenn Sie zum Beispiel Ihr eigenes Auto für nötige Fahrten benutzen.

Kostenlose Eintritte und Vergünstigungen

Ehrenamtliche Arbeit wird weiter auf verschiedene Arten gewürdigt. Je nach Bundesland gibt es zum Beispiel eine Ehrenamtskarte, die materielle Vergünstigungen bringt, etwa den ermäßigten oder kostenlosen Eintritt für staatliche Sammlungen und Museen oder für Freizeitparks. Manchmal gibt es auch kostenlos besondere Treffen oder Einladungen zu Ausflügen, Konzerten, Theateraufführungen oder Essen für die Ehrenämtler. Dafür müssen bestimmte Voraussetzungen erfüllt sein, die sich von Bundesland zu Bundesland unterscheiden können. Informieren Sie sich beispielsweise bei Ihrer Kommune oder dem zuständigen Landratsamt, was für Sie möglich ist.

Besondere Förderung vom Finanzamt

Beim Finanzamt können Sie im Ehrenamt ebenso weitere Kosten geltend machen, zum Beispiel für eine Qualifikation wie den Trainerschein im Sportbereich. Sie dürfen diese und andere eigene Ausgaben, etwa Fahrtkosten, in der Steuererklärung als Abzüge angeben. Der Bundesfinanzhof hat klargestellt, dass das auch möglich ist, wenn Ihr Verdienst innerhalb der Übungsleiter- oder Ehrenamtspauschale bleibt (BFH, Az. VIII R 17/16). Vorher konnten eigene Ausgaben immer nur dann abgerechnet werden, wenn Einnahmen und Ausgaben oberhalb der Pauschale erzielt wurden.

Ihre Ausgaben zum Beispiel für den Trainerschein waren höher als die Jahreseinnahmen aus dem Trainerjob? Dann erzielen Sie einen steuerlichen Verlust, den das Finanzamt mit anderen Einkünften verrechnet. Dadurch sinkt Ihre Steuerlast insgesamt. Voraussetzung ist aber – so der Bundesfinanzhof im genannten Verfahren –, dass Sie mit Ihrer Tätigkeit einen Gewinn erzielen wollen. Einen dauerhaften Verlust wird das Finanzamt nicht akzeptieren.

Ein möglicherweise entgangenes oder ausgefallenes Honorar im Ehrenamt dürfen Sie übrigens als sogenannte Aufwandsspende abrechnen. Der Verein oder die Organisation muss Ihnen dann eine Spendenbescheinigung über die Summe ausstellen und Sie geben diese in der Steuererklärung in der Anlage Sonderausgaben als Spende an. Das senkt Ihre Steuerlast ebenfalls.

09

Betriebs- und Zusatzrenten flexibel ergänzen

Weitere Renteneinkünfte aufspüren

Sie haben über längere Zeit für Ihren Ruhestand vorgesorgt und freuen sich darauf, nun die Früchte zusätzlich zur gesetzlichen Rente zu ernten? Wir sagen Ihnen, wie Sie dabei in Kombination mit einer Beschäftigung am besten vorgehen.

Es braucht nicht immer einen Job mit laufender Gehaltszahlung, um sich selbst das staatliche Ruhegeld aufzustocken – beispielsweise mit einer Rentenzahlung vom ehemaligen Unternehmen, einer Riester-Rente oder einer privaten Sofortrente aus dem selbstständig angesparten Kapital. Dazu haben sich über die Jahre hinweg sehr wahrscheinlich an verschiedenen Stationen kleinere und größere Geldbeträge bei Ihnen angesammelt: In Frage kommen zum Beispiel vermögenswirksame Leistungen für Arbeitnehmerinnen und Arbeitnehmer, eine private Kapitallebensversicherung oder auch die Einzahlungen in steuersparende Vorsorgefonds, zu denen Sie Ihr Steuerberater einmal ermuntert hatte.

In diesem Kapitel zeigen wir Ihnen, wie Sie Ihr Vermögen im Hinblick auf die Altersversorgung erfassen, und erklären, welche Positionen sich dabei für eine Verrentung eignen und welche dafür eher weniger in Betracht kommen.

Bei der Bestandsaufnahme kann eine Einteilung in wenige Hauptkategorien Ihnen den Überblick erleichtern: Kapitalanlagen, Immobilien und Sachwerte. Für jede dieser Kategorien gelten jeweils sehr eigene Spielregeln, wenn Sie daraus eine zuverlässige Rentenzahlung auf Ihrem Konto verbuchen wollen.

Als vierte Möglichkeit lässt sich die gesetzliche Rentenkasse unter bestimmten Umständen auch als Rentnerin oder Rentner noch als Spar-Kasse verwenden. Diese Option wird immer noch häufig übersehen. Es lohnt aber, sich damit einmal genauer auseinanderzusetzen, denn auch beim staatlich garantierten Ruhegeld lässt sich mit einem Kniff sehr leicht ein größerer Geldbetrag in eine zusätzliche, oft sehr attraktive Zusatzrente umwandeln.

Hier steckt eine Extrarente drin!

Einige Formen von Zusatzrenten sind offensichtlich und fallen sofort ins Auge, andere verstecken sich regelrecht. Um einen Überblick zu gewinnen, sollten Sie über Ihren Kontoauszug hinaus nachforschen. Viele Geldströme und Vermögenswerte werden Sie laufend kontrollieren und somit ungefähr abschätzen können. Bei anderen sollten Sie tiefer nachbohren – es handelt sich meist um Verträge oder Ansprüche, zu denen Sie höchstens einmal im Jahr einen Hinweis erhalten oder die relevanten Daten erst einfordern müssen.

Durchforsten Sie in einem nächsten Arbeitsschritt sämtliche Unterlagen sowie Ihre Email-Postfächer nach Stichworten, die auf Ruhegeldzahlungen oder sonstige Auszahlungen jetzt oder im späteren Rentenalter hinweisen könnten, zum Beispiel „Rente", „Pension", „Versorgung", „Anspruch", „Standmitteilung", „Ausschüttung", „Guthaben" oder „Garantiertes Kapital". Kennzeichnen Sie diese Fundstellen, um darauf später zurückgreifen zu können.

In der Geldanlage wird üblicherweise nach drei größeren Anlageklassen unterschieden, die sich vor allem im Hinblick auf das Risiko, die Schwankungen im Wert sowie in der Dauer voneinander abheben. Dies sind zum Beispiel:

Aktien, also Anteile an Unternehmen, aber auch ETF und andere Fonds. Üblicherweise kann man diese täglich kaufen und verkaufen. Die Abwicklung läuft meist über eine Depotbank oder einen Onlinehändler.

Verzinste Anlagen sind die zweite größere Kategorie, sie umfasst Rentenpapiere oder Anleihen. Sie werden häufig von Staaten und Unternehmen herausgegeben und bringen eine regelmäßige fixierte Verzinsung.

Immobilien, auch Immobilienfonds, als dritte Kategorie bringen meist direkte Mieteinnahmen oder Beteiligungsgewinne über die Fonds. Mögliche Wertsteigerungen beim Verkauf spielen ebenso eine große Rolle. In Deutschland entwickelt sich dazu mit einiger Verspätung auch der Markt für die Verrentung von Immobilien.

Diese Grundeinteilung hilft Ihnen bereits, um Ihr eigenes Vermögen zu strukturieren. Darüber hinaus kennt die Finanzwelt weitere Anlageklassen, etwa Liquidität, also flüssige Barmittel, die man zu Hause oder in einem Schließfach aufbewahrt oder sofort von einem Konto abheben könnte (zum Beispiel über Girokonten, Tagesgeld). Sehr kurzfristig veräußerbare Wertpapiere zählen ebenso hierzu wie fällige Forderungen an Kunden, die sich ebenso schnell in Bares umwandeln lassen. Außerdem können Anleger über Fonds oder Firmenanteile in Rohstoffe investiert sein. Edelmetalle wie Gold werden auch oft in Form von Barren, Münzen oder als sogenanntes Altgold (Uhren, Schmuck, Zahngold) aufbewahrt. Schließlich sind auch Sammlerwerte zu nennen, beispielsweise Kunst, Briefmarken, Oldtimer, Uhren oder Schmuck. Wesentlich ist, dass dafür ein potenzieller Käufermarkt existieren sollte. Ansonsten wären es lediglich Liebhaberstücke mit keinem oder geringem Wert.

Im Bereich der Ruhestandsfinanzierung spielen jedoch noch weitere Vermögenswerte oder vermögensähnliche Werte eine Rolle, in erster Linie Renten und Rentenanwartschaften wie gesetzliche Renten (dazu zählt zum Beispiel auch eine Kombination aus Altersrente und Hinterbliebenenrente), Auslandsrenten oder Betriebsrenten. Außerdem Versorgungsansprüche (etwa gegenüber dem Ehepartner oder bei Beamten vom Staat). Für sie gilt – wie für zahlreiche andere aktivierbare Quellen für Zusatzrenten auch – dass Sie diese meist anfordern oder einfordern müssen. Sie sprudeln nicht automatisch.

Auch Versicherungen (zum Beispiel private Rentenversicherungen, Kapitallebensversicherungen), materielle und immaterielle Rechte (etwa Urheberrechte, Nutzungsrechte, Patente) sowie Erbschaften und Schenkungen (erwartete oder in Aussicht gestellte) zählen dazu.

Alle diese Positionen eint ihre Nutzbarkeit für den Ruhestand. Dabei werden etliche dieser Vermögenswerte dann teilweise oder ganz verkauft oder aufgelöst. Andere liefern von sich aus ab einem bestimmten Termin regelmäßige Auszahlungen. Weil die jeweiligen Fristen für Kündigungen und Auszahlungstermine sehr individuell festgelegt sind, muss man diese gesondert erfragen.

PRIVATE RENTENVERSICHERUNGEN kann man sich in verschiedenen Varianten auszahlen lassen: garantiert, dynamisch, teildynamisch und flexibel. Für eine möglichst hohe Startrente wählen Sie eine flexible Rente. Um eine einmal erreichte Rentenhöhe garantiert zu bekommen, wählen Sie die dynamische Variante. Mit unserem Rechner können Sie die verschiedenen Auszahlformen vergleichen, sie finden ihn unter dem folgenden Link: test.de/rentenversicherung (mit Flatrate kostenfrei).

Das gilt für Kapitalanlagen

Hier mal eine Dividende, dort ab und an eine Zinsgutschrift: So sieht die Kapitalanlage vieler Bundesbürger und Bundesbürgerinnen aus, wenn sie in Richtung Ruhestand marschieren. Eine zuverlässige und kontinuierlich fließende Zusatzrente ist das meistens nicht. Denn hierfür müssten die verschiedenen Laufzeiten und Auszahlungen für Zinsen, Dividenden oder Gewinne so aufeinander abgestimmt werden, dass daraus eine einzige zuverlässige monatliche Überweisung auf das Konto sprudelt. Und als weitere Voraussetzung für die Rententauglichkeit sollten selbstverständlich keine Aussetzer bei den Zahlungen eintreten. Schließlich sollte die Zusatzrente möglichst solange zur Verfügung stehen, wie man es bis ins hohe Alter gerne hätte.

Für die Lösung dieses Problems gibt es zwei unterschiedliche Konzepte: Entweder werden die Kapitalanlagen in einer großen Summe zusammengefasst und in einen Sofortrentenvertrag mit einem entsprechenden Anbieter gesteckt. Das setzt voraus, dass man seine bisherigen Kapitalanlagen auflöst und flüssig macht, um sie neu zu investieren.

Die andere Möglichkeit: Man baut sich aus den bisherigen Kapitalanlagen einen Auszahlplan – das geht entweder in Eigenregie oder (gegen entsprechende Kosten) durch einen Dienstleister.

Sofortrente oder Auszahlplan?

Die Sofortrente zum Beispiel bei einem Lebensversicherungsunternehmen deckt das „Langlebigkeitsrisiko" ab. Damit ist gemeint: Die bei Vertragsschluss zugesagten Renten sind nicht gerade hoch, aber sie fließen ein Leben lang – egal wie alt der Rentner oder die Rentnerin wird.

Beim Auszahlplan müssen Sie sich hingegen vorher überlegen, wie lange das Geld reichen soll. Dafür sind die möglichen Auszahlungen deutlich höher, und Sie bleiben flexibler. Nicht jeder möchte einen großen Teil seines Geldes einer Versicherung geben, damit die es einem Stück für Stück zurückzahlt, auch wenn diese Variante ohne Zweifel sehr bequem ist.

Die Sofortrente oder auch „Rente gegen Einmalbetrag" eignet sich vor allem für Menschen, die wenig Lust haben, sich im Rentenalter um die Verwaltung ihres Vermögens zu kümmern. Sie können einmal in eine sofort beginnende Rentenversicherung einzahlen und brauchen sich dann nicht mehr weiter darum zu kümmern. Die Höhe der monatlichen Rente ist eher bescheiden, das belegen unsere regelmäßigen Untersuchungen. Dafür fließt die Sofortrente ein Leben lang, und sie kann in Zukunft auch steigen, wenn der Versicherer das Geld erfolgreich für seine Kundinnen und Kunden anlegt und ihnen eine gute Überschussbeteiligung zahlt. Doch wer schon eine Betriebsrente zusätzlich zur gesetzlichen Rente bekommt, benötigt nicht zwingend noch eine weitere Rentenversicherung. Er sollte sein Vermögen für eine regelmäßige monatliche Auszahlung ertragreicher investieren. In diesem Fall kommt der Auszahlplan für die Verrentung von Vermögen ins Spiel. Bei unserem selbst geschneiderten Auszahlplan mit günstigen und breit streuenden Aktienfonds in ETF (Exchange Trade Funds, also börsengehandelte Fonds) für unterschiedliche Laufzeiten fahren wir mit regelmäßigen Entnahmen aus risikoreicherem Aktienfonds- und sicherem Tagesgeldinvestment zweigleisig (mehr dazu unter test.de/entnahmeplan).

Vier Schritte zur Zusatzrente

Nachdem Sie überprüft haben, welche möglichen Finanzquellen Ihnen für eine Zusatzrente zum gesetzlichen Ruhegeld zur Verfügung stehen, sollten Sie schrittweise vorgehen. Nicht alle Anlagen lassen sich so leicht ohne Verluste auflösen oder umschichten wie flüssige Guthaben auf einem Giro- oder Tagesgeldkonto. Starten Sie deshalb mit einer Sortierung Ihrer Kapitalanlagen.

Schritt 1: Sortieren nach Laufzeiten. Wann wird Ihre Kapitallebensversicherung genau ausgezahlt? Wann die Riester-Rente? Wie lange laufen Zinspapiere wie Staatsanleihen noch bis zur Rückzahlung? Wann erhalten Sie Dividenden ausgeschüttet? Sie werden mit großer Wahrscheinlichkeit eine bunte Mischung aus kurz-, mittel- und langfristigen Zahlungszielen vorfinden. Grundsätzlich gilt: Länger laufende Anlagen erzielen auch höhere Renditen. Prüfen Sie, ob das auch für Ihre Investments noch so zutrifft. Dann lösen Sie zunächst kurz- und mittelfristige Anlagen auf, um sie für eine Sofortrente oder für einen neuen Auszahlplan parat zu haben, der Ihre gesetzliche Rente aufstockt.

Schritt 2: den Verkauf planen. Was könnten Sie von jetzt an bis zu Ihrem geplanten Rentenstart verkaufen, ohne damit große Verluste wie bei niedrigen Kursen realisieren zu müssen? Klopfen Sie höher verzinste Langfristanlagen daraufhin ab, wann Sie das Geld benötigen, und beenden die Anlage dann zum nächstmöglichen Termin. In der Rentenphase ist der Zeitpunkt der Verfügung das alles entscheidende Kriterium, nicht mehr der künftig vielleicht erwartete große Renditesprung. Insofern unterscheidet sich die Phase des Vermögensaufbaus in jungen Jahren fundamental von derjenigen der Kapitalnutzung im Alter.

Schritt 3: Umstellung auf Rente prüfen. Bei vielen Kapitalanlagen wie der Riester-Rente, zahlreichen Betriebsrenten oder auch Auszahlungen von Versorgungskassen haben Sie die Möglichkeit, zumindest Teile als größeren Betrag zu erhalten oder die Verrentung des angesammelten Kapitals mit monatlichen Auszahlungen zu wählen. Bei Basisrenten oder Rürup-Renten ist das hingegen nicht der Fall – es gibt sie ausschließlich als monatliche Überweisung.

Schritt 4: das Wertpapierdepot umschichten. Sollten Sie viele Einzelaktien besitzen, widerspricht dies in der Phase der Ruhestandsplanung der Idee eines verstetigten Einkommens. Der Grund: Einzelaktien schwanken im Wert sehr viel stärker als breit angelegte Fonds wie weltweit anlegende ETF mit Anteilen von mehreren Hundert Firmen. Bis zum Rentenstart sollten Sie Einzelaktien lediglich behalten, wenn Sie ein erfahrener Börsenanleger sind und diese als Beimischung sehen können. Ansonsten kaufen Sie dafür lieber ETF. Wie Sie passende finden, beschreiben wir hier: test.de/Fondsfinder (mit Flatrate kostenfrei nutzbar).

Fonds: ausschüttend oder thesaurierend?

Thesaurierende Fonds und ETF legen die Erträge aus Kurs- und Dividendengewinnen sofort wieder in neue Anteile an und erhöhen somit den Wert des Depots. Ausschüttende Fonds überweisen diese Erträge hingegen an die Anlegerinnen und Anleger. In der Ansparphase sind thesaurierende Fonds die bessere Wahl. Wer sein erspartes Kapital verzehren möchte, kann überlegen, von thesaurierenden zu ausschüttenden Fonds oder ETF zu wechseln. Allerdings ist zu beachten, dass ein Verkauf und Neukauf von Fondsanteilen in der Regel Geld kostet. Zudem werden für realisierte Gewinne beim Verkauf Steuern fällig. Beides schmälert die Summe, die für den Neukauf von Anteilen zur Verfügung steht. Wie hoch die fällige Steuer ist, hängt auch von der Spardauer ab. Die Kosten unterscheiden sich je nach Art der Fonds und Fondsanbieter: Aktiv gemanagte Fonds zum Beispiel können kostenlos an die Fondsgesellschaften zurückgegeben werden (dafür waren sie aber in der Regel teurer beim Kauf). ETF kosten sowohl beim Kauf als auch beim Verkauf – allerdings können die Gebühren je nach Bank sehr gering sein oder sogar gar nicht anfallen.

Für ausschüttende Fonds in der Auszahlphase spricht, dass die Ausschüttungen in der Regel kostenlos sind. Der Nachteil ist: Ausschüttungen können sich ändern. Dividenden hängen von der wirtschaftlichen

Lage ab und können mal höher, mal niedriger ausfallen. Eventuell reichen die Ausschüttungen also gar nicht zum Leben.

In den meisten Fällen sollte es wirtschaftlich sinnvoller sein, seine thesaurierenden Fonds aus der Ansparphase zu behalten und seine Zusatzrente durch stückweisen Verkauf seiner Anteile zu erzielen. Es können sich aber Fälle ergeben, in welchen der Vorteil schwindet, weil zum Beispiel schon hohe Abgeltungsteuern angefallen sind oder der Gewinn klein war. Den Vorteilen bequemer, ausschüttender Fonds in der Rentenphase steht der Nachteil nicht planbarer und schwankender Ausschüttungen entgegen.

Riester: Lebenslange Rente oder Kapitalauszahlung

Wer einen Riester-Vertrag hat, sollte genau abwägen: Ab wann lohnt die Auszahlung als lebenslange Rente, wann die Kapitalauszahlung in einer größeren Summe? Es stehen Ihnen grundsätzlich fünf Varianten zur Verfügung, wie Sie sich den Riester-Vertrag auszahlen lassen dürfen: als lebenslange Rente, als Teilauszahlung von 30 Prozent plus lebenslange Rente, als Einmalzahlung abzüglich der erhaltenen Förderung bei Vertragskündigung, als Investition ins Wohneigentum als sogenannter Wohn-Riester oder gar als Abfindung bei geringen Vertragsguthaben.

Üblicherweise wird Riester ausgezahlt, sobald Sie die gesetzliche Rente erhalten, frühestens mit dem 62. Geburtstag. Bei vor 2021 abgeschlossenen Verträgen geht das schon ab dem Alter von 60 Jahren. Kündigen können Sie den Vertrag immer. Alle Varianten hängen sehr vom einzelnen Vertrag ab und der Frage der eigenen Lebenserwartung.

Für den Musterfall Werner (66 Jahre bei Renteneintritt zum 1. Januar 2025, 17 Jahre Vertragslaufzeit, 53 000 Euro Jahreseinkommen während der Sparphase, 30 000 Euro gesetzliche und private Rente pro Jahr in der Rentenphase, Vertragsguthaben 43 000 Euro) haben wir die Rentabilität der Auszahlvarianten für Riester getestet (Näheres dazu unter test.de/riester-auszahlphase). Werners Altersvorsorgevermögen beträgt 43 000 Euro. Insgesamt hat er 13 694 Euro Förderung sowie Zinsen in Höhe von 7 300 Euro erhalten. Selbst hat er somit 22 006 Euro für den Riester-Vertrag aufgebracht.

Die lebenslange Rentenauszahlung ist das Standardprogramm und bietet bei älteren Verträgen vergleichsweise gute Verzinsungen. Anders als Kunden mit einem Riester-Banksparplan erhielten Kunden mit Riester-Rentenversicherungen noch eine Mindestverzinsung auf den Sparanteil (heute um 1 Prozent; vor 20 Jahren 3,25 Prozent) garantiert, samt einer Mindestrente. Wer anstelle der Rentenversicherung einen Banksparplan oder einen Fondssparplan wählte, hatte diese Garantien nicht, denn die Bedingungen standen nur teilweise fest. Im Ergebnis waren die Auszahlungen nach Tests eher enttäuschend.

Unser Musterfall Werner kann mit einer Brutto-Zusatzrente von 1500 Euro im Jahr aus seinem Riester-Vertrag rechnen, nach Steuern bleiben ihm 1095 Euro. Abzüglich seiner eigenen Einzahlungen wäre Werner demnach nach gut 20 Jahren mit dem Vertrag im Plus.

RIESTER FLIESST AUCH FRÜHER. Grundsätzlich ist die Auszahlung bei Riester-Verträgen nicht an die gesetzliche Rente gekoppelt. Bei Altverträgen (Abschluss vor dem 31. Dezember 2012) können Riester-Renten ab 60 fließen, bei jüngeren Verträgen ab dem Alter von 62. Noch früher geht es bei Bezug einer Frührente bei Vorliegen einer Schwerbehinderung.

Teilauszahlung bei Riester

Mit der Variante der Teilauszahlung können Sie sich bis zu 30 Prozent des Kapitals auf einen Schlag überweisen lassen und so etwa ein neues Auto, Umbauten oder eine Reise gleich zum Rentenstart finanzieren. Die staatliche Förderung behalten Sie. Den Rest bekommen Sie als lebenslange Zusatzrente. Allerdings erhöht die Teilauszahlung im Auszahlungsjahr den Steuersatz. Das Ergebnis für Werner: Er erhält 9874 Euro als Teilkapital netto (2025) ausgezahlt und 763 Euro als jährliche Nettozusatzrente. Er wäre damit schon nach 15,9 Jahren im Plus – gemessen an seinen eigenen Einzahlungen.

Kündigung: lohnt sich manchmal

Wenn Sie den Vertrag kündigen, um schnell an Geld zu kommen, klingt das zunächst nach einem schlechten Geschäft: Denn in einem solchen Fall ziehen die Anbieter alle Zulagen und Steuervorteile ab, die Sie während der Sparphase kassiert haben. Es kann sich aber dennoch rechnen: Wesentlich ist der Zeitpunkt, ab dem man aussteigt. Der Grund: Das Finanzamt besteuert nur den Betrag, der nach Eigenbeiträgen, Zulagen und Kosten übrig bleibt, und dann oft auch nur zur Hälfte (nämlich dann, wenn man sich den Vertrag erst mit 60 beziehungsweise 62 Jahren auszahlen lässt und der Vertrag zuvor zwölf Jahre lief). Werner könnte dann von seinem gesamten Vertragsguthaben über 43000 Euro nach nur hälftigem Steuersatz und Abzug der Zulagen und Steuervergünstigungen mit einer Auszahlung von netto 28 321 Euro rechnen. Bucht sich Werner davon jährlich die garantierte Nettorate von 1 095 Euro ab, würde die Auszahlung knapp 26 Jahre reichen – eine Wiederanlage der Auszahlung ist dabei der Einfachheit halber nicht mit eingerechnet, ist aber natürlich empfehlenswert.

Wohn-Riester: eine Frage der Besteuerung

Man darf das angesparte Geld auch jederzeit entnehmen und auf einen Schlag in selbst genutztes Wohneigentum investieren. Wohn-Riester wird diese Variante genannt. Neu bauen, kaufen oder umbauen ist möglich. Der Haken: Das Geld muss versteuert werden. Variante 1: Man zahlt die Steuer auf einen Schlag und muss dafür nur 70 Prozent des Betrags heranziehen. Variante 2: Man versteuert den Betrag gleichmäßig über die Jahre, höchstens bis zum 85. Lebensjahr. Im Ergebnis wäre für Werner Variante 1 vorteilhafter, denn es fielen 2 022 Euro weniger Steuern an (9 644 zu 11 666 Euro).

Abfindung: bei Mini-Guthaben vorteilhaft

In der Abfindungsvariante zahlt der Riester-Anbieter die Summe auf einen Schlag aus, weil sie besonders klein ist. Für eine Überschlagsrechnung haben wir unseren Beispielkunden variiert: Dann beträgt sein Vertragsguthaben insgesamt nur 11 000 Euro, davon gelangen 8 015 Euro nach Steuern zur Auszahlung. Zieht man davon die eigenen Einzahlungen des Mustersparers ohne Förderung in Höhe von 5 128 Euro ab, ergibt sich ein recht ansehnliches Vertragsplus von 2 887 Euro.

Neues Altersvorsorgedepot soll Riester ablösen

Die Bundesregierung möchte die staatlich geförderte Altersvorsorge mit Riester-Verträgen reformieren und hat dazu im Dezember 2025 erste Pläne vorgelegt. Neben Garantieprodukten mit Absicherungen von 80 oder 100 Prozent sollen Anbieter wie Banken, Versicherungen oder Fondsgesellschaften künftig auch ein renditeorientiertes Depot ohne Garantien auf den Markt bringen dürfen. Die Kosten sollen bei 1,5 Prozent gedeckelt sein. Geplant ist, dass die staatliche Grundzulage bei 30 Cent für jeden Euro Eigenleistung beginnt – bis zu einem Höchstbetrag von 1 200 Euro. Bis 1 800 Euro soll es noch 20 Cent Zulage geben. Die Grundzulage soll so maximal 480 Euro im Jahr betragen. Ausgezahlt werden soll das neue Depot ab 65 als lebenslange Leibrente oder als Auszahlungsplan bis zum 85. Lebensjahr ohne Teilkapitalverrentung. Der Start ist für 2027 vorgesehen.

Den optimalen Auszahlungszeitpunkt finden

Zugegeben, es ist ein seltsamer Gedanke: Sie haben auf einmal zu viel Geld zur selben Zeit erhalten! Vor allem zu Beginn der Rentenphase kommt so etwas jedoch öfters vor. Wie Sie derartige Geldströme besser verteilen, lesen Sie hier.

Anlässe für eine solche Situation gibt es viele: Mal fließt eine Rente automatisch, mal müssen Sie diese erst beantragen, und dann erhalten Sie vielleicht noch einen größeren Batzen Geld durch auslaufende Versicherungsverträge, Erbschaften oder Schenkungen. Grundsätzlich schön für jeden, denn damit lässt sich in gewissem Maß die Lebensqualität im Alter erhöhen.

Zu bedenken ist jedoch, dass unkontrollierte Zuflüsse auf Ihrer Habenseite auch zu erstaunlichen Sprüngen bei Steuern und Sozialabgaben führen können. Dies gilt erst recht, sobald Sie zu einer Rente noch etwas hinzuverdienen und es sich bei diesem Hinzuverdienst nicht um die begünstigten Sonderformen Minijob, kurzfristige Beschäftigung sowie Ehrenamt handelt. Selbst mit der neuen Aktivrente kann es kritisch werden, denn diese kassieren Sie zwar steuerfrei, müssen aber dennoch darauf Abgaben für Sozialversicherungen entrichten. Also sollte Ihr Zeitplan für die Auszahlungen neben der gesetzlichen Rente und den Gehaltseingängen vom Job so optimiert werden, dass Sie möglichst niedrige Steuern und Sozialabgaben zahlen.

Bei vielen Extrageldern können Sie das durchaus beeinflussen, manchmal reichen auch kleinere Verschiebungen von wenigen Monaten, um ein besseres Ergebnis zu erhalten. Es ist nämlich sehr realistisch, dass Sie alleine mit gesetzlicher Rente plus Hinzuverdienst oberhalb des steuerfreien Grundfreibetrags (2026: 12 348 Euro) landen werden. Ihre Einkünfte aus möglichen Zusatzrenten kommen dann noch obendrauf.

MEHR EINKOMMEN, MEHR STEUERN. Gemäß dem Einkommensteuertarif 2026 bleibt das Existenzminimum bis 12 348 Euro unangetastet. Sowie das Einkommen darüber liegt, startet die Besteuerung zunächst mit 14 Prozent. Mit jedem zusätzlich verdienten Euro klettert auch der Grenzsteuersatz, bis er bei 69 879 Euro den Satz von 42 Prozent erreicht. Jedes Einkommen, das darüber liegt wird mit 42 Prozent Abzug belastet. Der Reichensteuersatz von 45 Prozent beginnt ab 277 826 Euro.

Für Ihre Berechnungen sollten Sie beachten, dass für den Fiskus nicht das Bruttoeinkommen, sondern das zu versteuernde Einkommen wichtig ist. Freibeträge und steuerrelevante Abzüge gehen also vom Bruttoeinkommen jeweils noch ab.

Die Durchschnittssteuerbelastung ist dann auch niedriger als die Grenzsteuerbelastung. Der Grund: Die Steuerschuld wird auf das gesamte zu versteuernde Einkommen berechnet, welches ja in den unteren Regionen niedriger ist. Ein Jahreseinkommen von 13 000 Euro lag im Ergebnis 2025 bei einem Prozent durchschnittlicher Steuerlast, bei 40 000 Euro waren es 18,3 Prozent, bei 60 000 Euro 24 Prozent und bei 100 000 Euro 31,09 Prozent (jeweils ohne Solidaritätszuschlag).

Auszahlungen clever verschieben

Bei der Frage, welche Zahlungen Sie wann wohin verschieben, sollten Sie nach einer klaren Hierarchie vorgehen: Diejenige Auszahlung kann warten, die ohne Verluste oder sogar mit einer zusätzlichen Verzinsung verschoben werden kann.

Bei einigen Kapitalauszahlungen, etwa aus Versicherungsverträgen, Versorgungswerken oder bei endfälligen Wertpapieren, steht der Auszahlungszeitpunkt oft von Beginn an unverrückbar fest. Dann sollten Sie sich klarmachen, was das an Abzügen bedeuten könnte und nach Optionen suchen. Ein Beispiel könnte für diese Überlegungen sinnvoll sein: Angenommen, Sie erhalten in einem Kalenderjahr vor Erreichen der Regelaltersrente ein Durchschnittsgehalt in Höhe von 4 208 Euro für zehn Monate, dann für die restlichen zwei Monate eine gesetzliche Rente in Höhe von 2 000 Euro monatlich und dazu noch eine einmalige, zu versteuernde Auszahlung in Höhe von 100 000 Euro überwiesen. Dann würden Sie bei mehr als 146 000 Euro Einkommen landen und müssten mit hoher Wahrscheinlichkeit einen Großteil dieses Einkommens mit dem Grenzsteuersatz von bis zu 42 Prozent beim Fiskus abliefern.

Die Ursache dafür ist die typische Konstellation im ersten Kalenderjahr der Rente: Dann landet teilweise noch das alte, in vielen Fällen recht hohe Erwerbseinkommen vor dem Renteneintritt auf Ihrem Konto, andererseits bereits die Rente und zusätzlich mögliche Kapitalauszahlungen aus Ihren privaten Vorsorgeanstrengungen. Eine Option in einem solchen Fall kann es sein, die Kapitalauszahlung, zum Beispiel aus Ihrer privaten Rentenversicherung, in das kommende Kalenderjahr zu verschieben. Das spart Ihnen aber nur dann Steuern, wenn Sie nicht mit dem gleichen Gehalt in der Rente weiterarbeiten, sondern mit einem reduzierten Gehalt. Angenommen, Sie arbeiten nur noch Teilzeit und erhalten die Hälfte, dann sinkt entsprechend das Gesamteinkommen und damit auch die Steuerlast.

Rente vorübergehend absenken

Noch günstiger wird es, wenn Sie die anstehende Kapitalauszahlung auf einen späteren Zeitpunkt verschieben können, an dem Sie nicht mehr nebenher arbeiten werden, oder wenn Sie in einem der folgenden Kalenderjahre Ihre gesetzliche Rente vorübergehend nur als Teilrente (zwischen 10 und 99,99 Prozent) beziehen. Auch auf diese Weise können Sie Ihre Steuerlast trotz eines Jobs, weiterer Zusatzrenten sowie Einmalzahlungen effektiv drücken.

In einem anderen Fall wäre es ebenso möglich, anstelle der Zusatzeinkünfte die gesetzliche Rente zu verschieben. Sie gehen dabei so vor wie unser Musterfall Wolfgang (Kapitel „Den Renteneintritt verschieben", Seite 47) und beantragen dafür die Rente einfach vorerst nicht. Für jeden auf diese Weise aufgeschobenen Monat erhöht sich ab Ihrer Regelaltersgrenze die Rente dann um 0,5 Prozent. Das kann sich vor allem in solchen Konstellationen rechnen, wenn Sie eine recht hohe gesetzliche Rente beziehen, mit einer höheren Lebenserwartung kalkulieren und die Steuerbelastung für Renten sowie für das Zusatzeinkommen gemeinsam am Beginn der Rentenzahlungen zu hoch ausfiele.

Steuern und Sozialabgaben sparen

Verschiedene Quellen können das Einkommen zusätzlich zu Rente und Job erhöhen. Um die Abzüge dafür in Grenzen zu halten, sollten Sie die Sonderregelungen für die wichtigsten Extraposten kennen und nutzen.

In der Regel sind Sie als Rentnerin oder Rentner steuerpflichtig, sobald Sie Ihr staatliches Ruhegeld mit einem Erwerbseinkommen kombinieren. Mit weiteren Einkünften könnten sich die Abzüge noch erheblich vergrößern. Doch das erfahren Sie meist erst nachwirkend – über die Steuererklärung und den Steuerbescheid. Denn: Ihr Arbeitgeber wird zwar auch in der Rentenphase für Sie die Steuer ans Finanzamt abführen, für die weiteren Einkommensposten wie Rente oder Zusatzversorgung müssen Sie dies aber selbst übernehmen, und es gelten häufig sehr unterschiedliche Steuervorgaben dafür.

Für die Sozialabgaben gilt Ähnliches: Das System an Belastungen und Freibeträgen unterscheidet sich stark nach der Art der Zusatzeinkünfte. Manchmal wird nichts fällig, mitunter tragen Sie den vollen Sozialbeitrag auch allein. Dies kann Ihr Zusatzeinkommen beträchtlich zusammenschnurren lassen.

Den Steuerrabatt nutzen

Die Steuerlast Ihrer Extrarente hängt häufig davon ab, wann Sie einen entsprechenden Vertrag über eine Privatrente abgeschlossen haben und wann Sie sich die Rente auszahlen lassen. Darüber hinaus spielt es eine Rolle, ob Sie die Beiträge dafür allein oder mit einem Zuschuss getragen haben und ob die Beiträge aus versteuertem oder unversteuertem Einkommen stammen. Hier die wichtigsten Regeln im Überblick:

Riester-Renten. Auszahlungen aus einer Riester-Rente sind fast immer voll steuerpflichtig. Das gilt auch für Wohn-Riester-Verträge, selbst wenn Sie daraus kein Geld erhalten. Die Steuerschuld berechnet sich dann anhand des Betrags, den Sie auf Ihrem Wohnförderkonto angesammelt haben. Bei einem Riester-Vertrag entscheidet die gewählte

Form der Auszahlung – ob lebenslange monatliche Rente oder Teilauszahlung – mit darüber, wie hoch die Steuerlast ausfällt. Informieren Sie sich deshalb gegebenenfalls vorab bei einer Steuerberaterin darüber. Denken Sie auch daran, die Teilauszahlung oder Kleinstbetragsauszahlung (2026: monatlich maximal 39,55 Euro) gegebenenfalls um einige Monate auf das nächste Kalenderjahr zu verschieben, wenn Sie dadurch das zu versteuernde Einkommen senken können. Für die Auszahlung aus einem Riester-Vertrag können Sie außerdem den Altersentlastungsbetrag in Anspruch nehmen (siehe Tabelle Seite 31).

Rürup und Versorgungswerke. Für Rürup-Renten (Basis-Renten) und Rentenleistungen aus einem berufsständischen Versorgungswerk gelten dieselben Regeln wie für die gesetzliche Rente. Für jeden Rentnerjahrgang steigt der steuerpflichtige Betrag an, der sogenannte Rentenfreibetrag sinkt.

Privatrenten ohne staatliche Förderung. Welcher Teil einer privaten Rente steuerpflichtig ist, hängt vom Alter des Ruheständlers zum Rentenbeginn ab. Der sogenannte Ertragsanteil ist höher, je früher Sie die Rente beziehen. Beginnt die Auszahlung mit 63 Jahren, müssen Sie 20 Prozent der Rente versteuern. Mit 65 Jahren sind es nur 18 Prozent. Achtung: Das bedeutet nicht, dass auf Ihre Rente 18 Prozent an Steuern fällig werden. Stattdessen werden 18 Prozent der Rente steuerpflichtig. Auf diesen Anteil zahlen Sie Ihren persönlichen Steuersatz: Angenommen, Sie erhalten aus einer privaten Rentenversicherung monatlich 500 Euro ausgezahlt. Sie beziehen diese ab 66 Jahren, der Ertragsanteil liegt bei 18 Prozent. Anhand von 90 Euro (500 Euro x 18 Prozent) wird Ihre Steuerlast berechnet. Liegt Ihr persönlicher Grenzsteuersatz zum Beispiel bei 25 Prozent, dann zahlen Sie 22,50 Euro an Steuern (vgl. Ertragsanteil-Tabelle Seite 31).

Betriebsrenten – etwa aus Pensionsfonds, Pensionskasse oder Direktversicherung. Auch diese Renten sind steuerpflichtig. In welchem Umfang, hängt aber von Ihren Einzahlungen ab. Sind die Beiträge aus voll versteuertem Einkommen geflossen oder wurden pauschal versteuert, dann ist nur der niedrige Ertragsanteil steuerpflichtig. Das war bei Verträgen vor 2005 oft üblich. Wurden die Beiträge dagegen vom unversteuerten Gehalt abgezogen, müssen Sie Ihre Bezüge aus der betrieblichen Altersvorsorge voll versteuern. Sie können jedoch vom Altersentlastungsbetrag profitieren.

Unterstützungskasse und Pensionszusage. Eine Pension dieser Art aus betrieblicher Altersvorsorge oder für ehemalige Beamte muss ebenfalls versteuert werden. Allerdings bleibt ein Teil durch einen Versorgungsfreibetrag steuerfrei. Dieser wird in den kommenden Jahren für Neurentner ebenfalls immer kleiner.

Kapitallebensversicherungen. Bei einer Kapitallebensversicherung hängt die Versteuerung davon ab, wann die Versicherung abgeschlossen wurde. Beim Abschluss vor 2005 ist die Kapitalauszahlung komplett steuerfrei, wenn der Vertrag mindestens zwölf Jahre lief, fünf Jahre lang Beiträge gezahlt wurden und mindestens 60 Prozent der gesamten Beiträge für die Todesfallleistung vereinbart waren. Beim Vertragsabschluss seit 2005 gelten etwas andere Regeln. Hier ist die Kapitalleistung nach Abzug der gezahlten Beiträge voll steuerpflichtig. Es sei denn, die Versicherung lief mindestens zwölf Jahre und der Versicherte erhält das Geld frühestens mit 60 Jahren (beziehungsweise 62 Jahren bei Vertragsabschluss nach 2011). Dann ist nur die Hälfte der Erträge steuerpflichtig.

Zusatzrenten im öffentlichen Dienst. Die Besteuerung von Zusatzrenten im öffentlichen Dienst kann sehr unterschiedlich ausfallen. Bei manchen zählt nur der günstige Ertragsteil, wie bei privaten Renten. Bei anderen kann es sein, dass die Leistungen voll steuerpflichtig sind. Was bei Ihrer Rente gilt, lesen Sie in der Leistungsmitteilung, die Ihnen der Anbieter schickt.

Weitere Einkünfte. Auch auf Gehälter (mit Ausnahmen bei Minijob, Aktivrente, Ehrenamt), Einkünfte aus Vermietung oder Verpachtung oder aus einer selbstständigen Tätigkeit fallen Steuern an. Allerdings steht Ihnen dort ebenfalls der Altersentlastungsbetrag zu.

Kapitaleinkünfte. Die Besteuerung von Kapitalerträgen wie Zinsen, Dividenden oder Gewinnen aus Wertpapierverkäufen ändert sich für Rentner nicht. Es wird die sogenannte Abgeltungsteuer fällig. Für Erträge, die über dem Sparerpauschbetrag von 1000 Euro liegen (Ehepaare haben die doppelte Summe), zahlen Sie pauschal 25 Prozent zuzüglich Soli und eventuell Kirchensteuer. Banken ziehen die fällige Abgeltungsteuer samt Kirchensteuer ein, wenn der Sparerpauschbetrag ausgeschöpft ist beziehungsweise wenn Erträge oberhalb des bei der Bank gestellten Freistellungsauftrags erzielt wurden. Das Finanzamt besteuert nicht alle Einkünfte ab dem ersten Euro. Zum Beispiel bleiben Erträge aus einem

Aktienfonds zu 30 Prozent steuerfrei. Liegt Ihr persönlicher Steuersatz unter der Pauschale von 25 Prozent, müssen Sie lediglich den niedrigeren Satz für Ihre Kapitaleinkünfte zahlen. Das klappt aber nur, wenn Sie beim Finanzamt über die Anlage KAP die sogenannte Günstigerprüfung beantragen und sämtliche Kapitalerträge über die Steuererklärung abrechnen. Vor allem zum Start in die Rentenphase können Sie Ihren persönlichen Steuersatz beim Zusammentreffen von mehreren Einkunftsarten vorab häufig nicht genau ermitteln. Warten Sie also die erste Steuererklärung ab und holen Sie sich zu viel gezahlte Steuer dann zurück.

Sozialversicherungsbeiträge sparen

Ein fester Posten, den Rentnerinnen und Rentner regelmäßig einplanen müssen, sind Beiträge zur Kranken- und Pflegeversicherung – entweder gesetzlich oder privat. Sind Sie im Ruhestand noch zusätzlich beruflich tätig, dann können weitere Sozialbeiträge wie Arbeitslosenversicherung und Rentenversicherung anfallen. Ein wichtiges Unterscheidungskriterium ist bei gesetzlich Versicherten, ob diese pflichtversichert oder freiwillig versichert sind (vgl. dazu das Kapitel „Clever kombiniert: Rente, Job und Sozialausgaben", Seite 34). Wer eine Betriebsrente erhält, muss die dafür fälligen Versicherungsbeiträge allein zahlen. Sind Betriebsrentner pflichtversichert in der Krankenversicherung der Rentner, zahlen sie nur für einen Teil ihrer Rente den Krankenkassenbeitrag. Dafür sorgt ein Freibetrag. Durch ihn bleiben 2026 die ersten 197,75 Euro der monatlichen Betriebsrente von Beiträgen verschont. Bei der Pflegeversicherung hingegen sind die 197,75 Euro kein Freibetrag, sondern eine Freigrenze. Das bedeutet, dass Betriebsrentner den vollen Beitragssatz für die gesamte Betriebsrente zahlen müssen, wenn sie monatlich über 197,75 Euro liegt.

Für viele Pflichtmitglieder in der Krankenversicherung der Rentner war es das an Sozialabgaben: Sie müssen für andere Einnahmen – etwa aus Riester-Renten und Renten aus privaten Versicherungen oder Mieteinkünfte – keine Beiträge zur Kranken- und Pflegeversicherung zahlen. Doch Achtung: Wenn sie neben der Rente noch in einem Job tätig sind, können auf den Verdienst Sozialversicherungsbeiträge anfallen, etwa wenn sie in einer angestellten Beschäftigung regelmäßig mehr als 603 Euro im Monat verdienen. Beiträge können weiter für eine gesetzliche Rente aus dem Ausland fällig werden. Wieder anders ist die Situation für Rentner, die freiwillig gesetzlich krankenversichert sind. Haben sie etwa Mieteinkünfte, dann sind diese beitragspflichtig. Die Tabelle auf Seite 154 zeigt, was je nach Art der Einnahmen gilt.

?!

Service

Anmerkungen zu den Infografiken

S. 38: Krankenversicherung und Rente: Das zahlen Sie

1) Rentner und Rentenversicherung teilen sich den Beitragssatz von 17,5 Prozent (allgemeiner Beitragssatz 14,6 Prozent plus Zusatzbeitrag 2,9 Prozent).
2) Nur für Einnahmen bis zur Beitragsbemessungsgrenze von 5 512,50 Euro monatlich.
3) Über Freibetrag von 187,25 Euro; Freibetrag entfällt bei freiwillig Versicherten.
4) Auch Kapital- und Mieteinkünfte. Ermäßigter Beitragssatz 14,6 Prozent plus Zusatzbeitrag 2,9 Prozent.
5) Bei Gesamteinkünften bis zu 535 Euro im Monat ist eine kostenlose Familienversicherung in der Krankenkasse des Ehepartners möglich.
6) Bis maximal zur Hälfte des Versicherungsbeitrags.

S. 85: Der Vorteil für Aktivrentner

Vergleich des zusätzlichen Erwerbseinkommens 2025 vor Aktivrente und ab 2026 mit Aktivrente. Musterfall Hans (siehe S. 81): vor der Aktivrente 2025 in Steuerklasse VI, mit 2,5 Prozent Zusatzbeitrag in gesetzlicher Krankenversicherung; 2026 mit Freibetrag aus der Aktivrente und 2,9 Prozent Zusatzbeitrag in gesetzlicher Krankenversicherung

S. 97: Rentenaufschub lohnt sich nicht

Musterfall: Besonders langjährig Versicherter (mind. 45 Versicherungsjahre), Verdienst stets durchschnittlich; geboren am 15. April 1961, ledig, kinderlos. Berufsausbildung, dann durchgehend beschäftigt. Einkommen: Einnahmen nur aus gesetzlicher Rente und Arbeit. Arbeitsentgelt: 4 207,75 Euro brutto/Monat. Dies entspricht dem Durchschnittsentgelt 2025. Rente: Der Modellrentner konnte nach 45 Versicherungsjahren am 1. November 2024 abschlagsfrei in Frührente gehen, mit 64 Jahren und 6 Monaten. Er hat dann 45 Entgeltpunkte erworben. Steuern und Abgaben: Er ist in der gesetzlichen Krankenversicherung und Pflegeversicherung versichert. Steuerlich macht er Vorsorgeaufwendungen geltend plus Werbungs- und Sonderausgabenpauschale.

S. 103: Drei Möglichkeiten ab 63

Musterfall: Langjährig Versicherte mit überdurchschnittlichem Verdienst; geboren am 15. April 1962, ledig, kinderlos. Hochschulstudium, dann durchgehend beschäftigt. Einkommen: Einnahmen nur aus gesetzlicher Rente und Arbeit. Arbeitsentgelt: 6 311,63 Euro brutto im Monat; entspricht dem 1,5-fachen des Durchschnittsentgelts 2025. Rente: Die Modellrentnerin ist mit Abschlag nach 35 Versicherungsjahren am 1. Mai 2025 in Frührente gegangen, im Alter von 63 Jahren. Sie hat bis dahin 60 Entgeltpunkte erreicht. Steuern und Abgaben: Sie ist in der gesetzlichen Kranken- und Pflegeversicherung versichert. Steuerlich macht sie Vorsorgeaufwendungen geltend plus Werbungs- und Sonderausgabenpauschale.

S. 106: Vorteil durch Frührente plus Job

Musterfall wie Seite 103; 1) Blauer Balken im Jahr 2025: Durchschnittliches Monatseinkommen aus Arbeit im Zeitraum von Januar bis April und Rente im Zeitraum von Mai bis Dezember nach Abzug von Sozialversicherungsbeiträgen und Steuern.
2) Blaue Balken in den Jahren 2025 bis 202: Durchschnittliches Monatseinkommen aus Arbeit und Rente nach Abzug von Sozialversicherungsbeiträgen und Steuern (Netto-Arbeitseinkommen plus Netto-Rente).

S. 124: Wann müssen Minijobber in die Rentenkasse einzahlen?

Gesetzesgrundlagen: 1) Nach § 5 (4) S. 1 Nr. 1 SGB VI rentenversicherungsfrei als Bezieher einer Altersvollrente nach Erreichen der Regelaltersgrenze.
2) Nach § 5 (4) S. 2 SGB VI Verzicht auf die Rentenversicherungsfreiheit als Altersvollrentner nach Erreichen der Regelaltersgrenze. 3) Nach § 230 (9) S. 1 SGB VI als Altersvollrentner rentenversicherungsfrei. 4) Nach § 230 (9) S. 2 SGB VI kann der Altersvollrentner auf die Rentenversicherungsfreiheit verzichten. 5. Auf Antrag von der Rentenversicherungspflicht befreit nach § 6 (1b) SGB VI. 6. Nach § 230 (8) S. 1 SGB VI rentenversicherungsfrei im Alt-Minijob (Beginn vor 2013). 7. Verzicht auf die RV-Freiheit nach §§ 229 (5), 230 (8) S. 2 SGB VI im Alt-Minijob (Beginn vor 2013).

Altersentlastungsbetrag

Einen Anspruch darauf haben Sie ab dem Kalenderjahr nach Ihrem 64. Geburtstag. Für Jüngere sinkt er stufenweise.

Anspruch, wenn …	Anspruch ab …	Höhe des Altersentlastungbetrags
geboren vor dem 2. Januar 1961	2025	13,2 Prozent, maximal 627 Euro
geboren vor dem 2. Januar 1962	2026	12,8 Prozent, maximal 608 Euro
geboren vor dem 2. Januar 1963	2027	12,4 Prozent, maximal 589 Euro
geboren vor dem 2. Januar 1964	2028	12,0 Prozent, maximal 570 Euro
geboren vor dem 2. Januar 1965	2029	11,6 Prozent, maximal 551 Euro
geboren vor dem 2. Januar 1966	2030	11,2 Prozent, maximal 532 Euro
geboren vor dem 2. Januar 1967	2031	10,8 Prozent, maximal 513 Euro
geboren vor dem 2. Januar 1968	2032	10,4 Prozent, maximal 494 Euro
geboren vor dem 2. Januar 1969	2033	10,0 Prozent, maximal 475 Euro
geboren vor dem 2. Januar 1970	2034	9,6 Prozent, maximal 456 Euro
geboren vor dem 2. Januar 1971	2035	9,2 Prozent, maximal 437 Euro
…	…	… fällt jedes weitere Jahr um 0,4 Prozentpunkte
geboren vor dem 2. Januar 1994	2058	

Quelle: ESTG

Krankenversicherung: Pflicht oder Kür?

Freiwillig versicherte Rentner zahlen bis zur Beitragsbemessungsgrenze (2026 5812,50 Euro/Monat oder 69750 Euro/Jahr) für mehr Arten von Einnahmen Abgaben an die Krankenkasse als Pflichtversicherte. Der allgemeine Beitragssatz zur gesetzlichen Krankenversicherung liegt bei 14,6 Prozent, der ermäßigte Satz bei 14,0 Prozent (plus Zusatzbeitrag: zunächst 2,9 Prozent).

Einkommen	Das zahlen Pflichtversicherte in der Krankenversicherung der Rentner (KVdR)	Das zahlen Rentner, die freiwillig gesetzlich krankenversichert sind
Gesetzliche Rente (Alters-, Hinterbliebenen- und Erwerbsminderungsrente)	Für die Krankenversicherung werden 14,6 Prozent der Bruttorente plus Zusatzbeitrag je nach Kasse fällig. Die Hälfte des Beitrags zahlt der Rentner, sein Anteil wird vor Auszahlung der Rente davon abgezogen. Die andere Hälfte übernimmt automatisch die Deutsche Rentenversicherung.	Fällig werden 14,6 Prozent der Bruttorente plus Zusatzbeitrag je nach Kasse. Der Rentner zahlt den vollen Beitrag selbst. Auf Antrag erhält er von der Deutschen Rentenversicherung einen Zuschuss in Höhe des hälftigen Beitrags.
	Den Beitrag zur Pflegeversicherung zahlt der Rentner allein.	Den Beitrag zur Pflegeversicherung zahlt der Rentner allein.
Leistungen aus betrieblicher Altersvorsorge	Rente oder Pension: 14,6 Prozent der Leistung plus Zusatzbeitrag, allerdings nur für die Auszahlung, die über dem Freibetrag von 197,75 Euro liegt. Der Beitrag zur Pflegeversicherung wird für die gesamte Zahlung aus betrieblicher Vorsorge fällig, sobald diese oberhalb der Freigrenze von 197,75 Euro liegt.	Rente oder Pension: 14,6 Prozent der Leistung plus Zusatzbeitrag. Dazu kommt der Beitrag für die Pflegeversicherung.
	Einmalzahlung: Sie wird auf 120 Monate umgelegt. Für den Monatswert, der nach Abzug des Freibetrags von 197,75 Euro übrig bleibt, wird zehn Jahre lang der volle Krankenkassenbeitrag fällig. Der Beitrag für die Pflegeversicherung wird auf die volle fiktive Rente fällig, sobald sie über der Freigrenze von 197,75 Euro liegt.	Einmalzahlung: Sie wird auf 120 Monate umgelegt. Der Rentner zahlt zehn Jahre lang den vollen Krankenkassenbeitrag für den Monatswert – unabhängig von dessen Höhe. Dazu kommt der Beitrag für die Pflegeversicherung.
Riester-Rente	Keine Beiträge zur Kranken- und Pflegeversicherung.	14,0 Prozent der Leistung plus Zusatzbeitrag je nach Krankenkasse, dazu der Beitrag zur Pflegeversicherung

Einkommen	Das zahlen Pflichtversicherte in der Krankenversicherung der Rentner (KVdR)	Das zahlen Rentner, die freiwillig gesetzlich krankenversichert sind
Rürup-Rente	Keine Beiträge zur Kranken- und Pflegeversicherung.	14,0 Prozent der Leistung plus Zusatzbeitrag je nach Krankenkasse, dazu der Beitrag zur Pflegeversicherung.
Rente aus der gesetzlichen Unfallversicherung	Keine Beiträge zur Kranken- und Pflegeversicherung.	14,0 Prozent der Leistung plus Zusatzbeitrag je nach Krankenkasse, dazu der Beitrag zur Pflegeversicherung.
Rente aus einer privaten Rentenversicherung	Keine Beiträge zur Kranken- und Pflegeversicherung.	14,0 Prozent der Leistung plus Zusatzbeitrag je nach Krankenkasse, dazu der Beitrag zur Pflegeversicherung.
Auszahlung aus der privaten Kapitallebensversicherung	Keine Beiträge zur Kranken- und Pflegeversicherung.	Beitragspflichtig ist der Kapitalertrag. Er wird auf 12 Monate umgelegt. Der Rentner zahlt ein Jahr lang 14,0 Prozent des Monatswerts plus den Zusatzbeitrag je nach Krankenkasse. Dazu kommt der Beitrag zur Pflegeversicherung.
Einkünfte aus Kapitalvermögen (zum Beispiel Zinsen, Dividenden, Gewinne aus Wertpapierverkäufen)	Keine Beiträge zur Kranken- und Pflegeversicherung.	14,0 Prozent der Einkünfte plus Zusatzbeitrag je nach Krankenkasse, dazu der Beitrag zur Pflegeversicherung. Einkünfte sind Kapitaleinnahmen minus Werbungskosten. Ohne Nachweis werden pauschal 51 Euro als Werbungskosten abgezogen.
Mieteinkünfte	Keine Beiträge zur Kranken- und Pflegeversicherung.	14,0 Prozent der Einkünfte plus Zusatzbeitrag je nach Krankenkasse, dazu der Beitrag zur Pflegeversicherung. Einkünfte sind Mieteinnahmen minus Werbungskosten.

Quelle: GKV-Spitzenverband. Stand: Mai 2025, aktualisiert Januar 2026.

Der Steuervorteil der Aktivrente

So viel Steuer wird für eine beispielhafte Aktivrentnerin fällig je nach Höhe des Zusatzverdienstes und in Abhängigkeit von der Steuerklasse (gegebenenfalls inklusive Solidaritätszuschlag). Der Musterfall Petra ist 1958 geboren, bezieht Altersvollrente, ist nicht mehr rentenversicherungspflichtig, zahlt keine Kirchensteuer, sie macht keinen Kinderfreibetrag mehr geltend. Bis 2000 Euro greift der Aktivrentenvorteil in allen Steuerklassen.

Monatlicher Zusatzverdienst brutto in Euro	Fällige Steuern in Steuerklasse 1	Fällige Steuern in Steuerklasse 2
700	0	0
800	0	0
900	0	0
1000	0	0
1100	0	0
1200	0	0
1300	0	0
1400	0	0
1500	0	0
1600	0	0
1700	0	0
1800	0	0
1900	0	0
2000	0	0
3000	0	0
4000	74	7
5000	303	208
6000	572	464
8000	1281	1143
10000	2164	1997

Einteilung Steuerklassen:
Steuerklasse 1: Alleinstehende ohne Kinder; Steuerklasse 2: Alleinstehende mit Kind; Steuerklasse 3: Verheiratete, bei denen ein Partner über ein deutlich geringeres Einkommen oder kein Einkommen verfügt; Steuerklasse 4: Verheiratete mit jeweils ähnlich hohem Einkommen; Steuerklasse 5: Für den anderen Ehepartner, falls einer in Steuerklasse 3 ist; Steuerklasse 6: Für Arbeitnehmer und auch Rentner, die oberhalb der Minijob-Grenze von 603 Euro/Monat in 2026 verdienen und daneben entweder eine Betriebsrente beziehen oder einem weiteren sozialversicherungspflichtigen Hauptjob nachgehen.

Fällige Steuern in Steuerklasse 3	Fällige Steuern in Steuerklasse 4 (ohne Faktor)	Fällige Steuern in Steuerklasse 5	Fällige Steuern in Steuerklasse 6
0	0	0	0
0	0	0	0
0	0	0	0
0	0	0	0
0	0	0	0
0	0	0	0
0	0	0	0
0	0	0	0
0	0	0	0
0	0	0	0
0	0	0	0
0	0	0	0
0	0	0	0
0	0	0	0
0	0	74	89
0	74	272	316
42	303	639	679
240	572	1010	1054
772	1281	1868	1918
1388	2164	2808	2858

Stichwortverzeichnis

R

S

T & U

V, W & Z

Matthias Kowalski war im Gründungsteam des Nachrichtenmagazins FOCUS, wo er bis September 2018 tätig war. Der mehrfach ausgezeichnete Wirtschaftsjournalist schreibt zu verbrauchernahen Finanzthemen wie Rente, Pflege, Krankenversicherung und Geldanlage. Als Lehrbeauftragter für Journalismus und Kommunikationswissenschaft gibt er sein Wissen an mehreren Hochschulen weiter. Er lebt in München.

Die Stiftung Warentest wurde 1964 auf Beschluss des Deutschen Bundestages gegründet, um Verbraucherinnen und Verbrauchern durch vergleichende Tests von Waren und Dienstleistungen eine unabhängige und objektive Unterstützung zu bieten. Mehr zu unserem Qualitätsanspruch und viele weitere Bücher finden Sie unter www.test.de.

Gedruckt in Deutschland · Mineralölfreie Druckfarben

© 2026 Stiftung Warentest, Berlin
ISBN: 978-3-7471-1043-0

Stiftung Warentest
Lützowplatz 11–13, 10785 Berlin
www.test.de
email@stiftung-warentest.de
USt-IdNr.: DE136725570

Vorständin: Julia Bönisch

Programmleitung: Niclas Dewitz
Autor: Matthias Kowalski
Projektleitung: Philipp Sperrle
Fachliche Beratung: Katharina Henrich, Theodor Pischke, Max Schmutzer
Korrektorat: Jonas-Philipp Dallmann, Berlin
Grafik, Satz: FÖRM – Büro für Gestaltung, Berlin
Verlagsherstellung: Rita Brosius (Ltg.), Romy Alig, Susanne Beeh
Druck: Meinders & Elstermann GmbH & Co. KG, Belm

Bei Fragen zur Sicherheit dieses Produkts wenden Sie sich bitte an:
gpsr@stiftung-warentest.de

Stiftung Warentest